요즘 십대 힘들죠?

초판 1쇄 인쇄 2017년 3월 24일
초판 1쇄 발행 2017년 3월 31일

지은이 황동한
그린이 강현서
펴낸이 이재원

펴낸곳 선율
출판등록 2015년 2월 9일 제2015-000003호
주소 경기도 구리시 동구릉로 148번길 15
전자우편 1005melody@naver.com
전화 (070)4799-3024 **팩스** (0303)3442-3024
인쇄·제본 현문인쇄

값 12,000원 ISBN 979-11-954855-6-7 03230

요즘 십대 힘들죠?

황동한 지음

신율

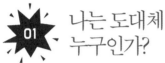 **01** 나는 도대체
누구인가?

02 주저앉고 싶은
나에게

03 모두가
싫어하는 것
같은 나

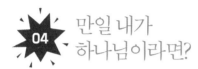

04 만일 내가
하나님이라면?

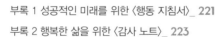

　많은 청소년들과 청년들이 꿈을 찾아다닙니다. 지나 보면 헛된 꿈인 것 같고, 또 반복되는 좌절과 실패로 인해 꿈을 잃어버리곤 합니다. 비교 의식과 열등감 속에서 너무 작은 나에게 절망하기도 합니다. 황동한 목사님은 정말 오랜 시간, 다음세대를 위해 헌신한 분입니다. 그 보석 같은 경험과 연륜에 전문성까지 겸비한 지장(智將)이십니다. 이 책은 나 자신이 누구인지 그리고 하나님이 만드신 나를 만나고 이해하는 과정을 참 쉽게 풀어냈습니다. 천천히 숲을 거닐 듯이 읽다 보면, 어느새 하나님이 지으신 목적대로 쓰임 받는 나를 발견하게 됩니다.

　저는 요즘 잘 읽히는 책의 힘을 새삼 깨닫고 있습니다. 이 책은 참 잘 읽힙니다. 그리고 감동과 재미를 줍니다. 무엇보다 별 볼 일 없는 인생이라 치부했던 나 자신이 우주를 말씀으로 창조하신 하나님의 계획과 섭리 가운데 지어졌음을 깊이 알아가게 합니다. 삶의 길에서 나를 발견하기를 원하는 모든 이들에게 이 책을 자신 있게 권합니다.

강은도 목사(광교푸른교회 담임)

《나 iN 나》를 받고, 《나 iN 나》를 읽고, 《나 iN 나》를 생각하며….

황동한 목사님과는 20년 가까이 늘 동일한 주제를 가지고 만나서 교제하고 있습니다. 바로 '하나님과 십대'라는 단어입니다. 만나면 언제나 십대들의 이야기와 하나님의 마음을 나누어 왔습니다. 글을 써도 언제나 십대들을 위한 글, 변함없이 하나님의 마음을 나누는 글을 썼던 것 같습니다.

정말 이 책에 실린 글들을 십대들이 많이 읽었으면 좋겠습니다. 아니, 학생들도 읽어야겠지만 오늘도 십대들을 만나는 수많은 청소년 사역자들과 선생님들이 먼저 읽으면 더욱 좋을 것 같습니다. 아이들에게는 문제지 같은 내용이지만, 사역자들이나 선생님들에게는 답을 알아갈 수 있는 답안지 같은 내용이니 청소년들을 만나려고 준비하는 분들에게 기쁜 마음으로 추천합니다.

오늘도 내일도 《나 iN 나》를 통해 십대들의 미래가 계속 새로워질 수 있기를 소망하며 사랑의 마음을 나눕니다.

임우현 목사(CTS 라디오 "번개탄" 진행자)

꽈당! 자전거는 헛바퀴만 돌고 깨진 우윳병에서는 하얀 이를 드러내며 우유가 줄줄 흘러내린다. 지나가던 학교 친구들이 비웃는다. 무릎에서 피가 나니 아프지만 쪽팔림이 먼저다.

초등학교 4학년, 우유 배달을 하던 어느 겨울, 간밤에 누군가 뿌려 놓은 물이 얼어붙어 빙판이 되었고 내가 몰던 자전거가 미끄러져 모든 것이 엉망이 되었다.

그날은 왜 그렇게 추웠던지, 그날은 왜 그렇게 가슴 아팠던지….

깨진 우윳병을 정리하고 그나마 남은 병들을 거두었다. 한 명이라도 먹게 해 주어야겠다는 생각에, 두 병을 배달해 먹던 친구 집에 3분의 2 정도 채워진 우윳병을 가지고 가서 건넸다.

친구 아버지 하시는 말. "이 자식아, 왜 이렇게 늦게 왔어? 오늘은 왜 한 병뿐이야?"

"죄송합니다. 오다가 깼습니다. 안녕히 계세요"라고 인사하고 빈병을 수거해 나오는데, 병에 보리차 같은 것이 들어 있었다.

'친구가 나 먹으라고 넣어 둔 건가?' 목도 마르고 해서 벌컥 마셨다. "으악! 푸욱! 아니, 오줌이잖아." 알고 보니, 지난밤 친구 동생이 우윳병에 오줌을 싸 놓은 것이었다. 슬펐다.

나에게는 이 우윳병이 그릇인데…. 그러기에 그토록 귀중하게 다루었는데…. 우윳병 주둥이가 조금이라도 나가서 우유를 마실 때 입술을 상하게 할까 봐 내 밥그릇처럼 소중히 다루었다. 그런데 그들에게는 그저 요강 대용이었던 것인가? 서러움, 그리고 배신감, 어린 마음에 쌓인 분노….

그렇게 초등학교(국민학교) 시절을 우울하게 보냈다. 그때 일기를 읽어 보면, 늘 죽고 싶다는 말이 적혀 있다. 소아우울증 증상이었던 것이다.

내가 대학에 입학하자마자 아버님이 돌아가셨다. 공부할 길이 없었다. 곧바로 휴학을 했다. 아르바이트를 해야 하는데, 시골에서는 마땅히 할 것이 없었다. 어릴 때 우유 배달을 했던 경험이 있어서 소를 키우고 젖을 짜는 목부(소를 키우는 사람)로 들어갔다. 젖

나는 소 35마리와 젖이 나오지 않는 소 50여 마리를 키웠다. 소들은 나를 참 잘 믿고 따라 주었다. 그러나 몇몇 소는 나를 너무나 아프게 했다. 450킬로그램이나 되는 무게로 64킬로그램인 나의 발을 찍어 내 엄지발톱이 빠졌다. 이런 일이 한두 번이 아니었다.

30년이 지난 지금도 그때 생각이 난다. 6월쯤이었을 것이다. 12시에 소에게 점심을 주어야 하는데, 풀을 베다가 30-40분 늦게 우사(소가 먹고 자는 곳)로 돌아왔다. 소들이 배가 고프다고 울어대고 야단이었다.

나는 재빨리 차에서 내려 풀을 한 아름 안고 소에게 달려가 줄줄이 나누어 주었다. 하지만 마지막 소에서 문제가 일어났다. 당시 나는 아래위로 빨간 체육복을 입고 있었는데 빨간 옷이 눈앞에서 흔들거리자 소가 놀라서 흥분해 나를 뿔로 받아 던져 버린 것이다. 그 순간 나의 몸은 공중으로 날아 소똥 위로 넘겨졌다. 이것이 첫 번째 똥세례였다. 나중에 안 일이지만 소는 빨간 깃발을 보면 흥분한다고 한다. 이 때문에 투우 경기 때 투우사가 빨간 깃발을 흔드는 것이다. 온몸은 똥범벅이 되었고, 시멘트 바닥으로 된 우사에 나뒹굴어지니 너무도 아팠다.

또 한 가지 사건이 기억난다. 8월 말 또는 9월 초인 듯하다. 내가 늘 조심하는 소가 한 마리 있었다. 그날따라 위험하지만 시간을 절약하기 위해 꼬리를 묶지 않고 젖을 짰다. 앉아서 젖을 짜는데 늦여름이라 파리도 많고 하루살이 등 여러 벌레가 많았다. 소는 꼬리를 흔들며 자기 몸을 보호했다. 그런데 그 꼬리가 내 얼굴을 때렸다. 똥 묻은 꼬리가 오줌에 젖어…. 정신이 번쩍 들었다.

내 입과 귓등을 똥 묻은 꼬리가 강타했다. 그러더니 긴 꼬리가 내 목을 감았다. 소가 자기 쪽으로 나를 당기는 바람에 나는 그쪽으로 다시 넘겨졌다. 이것이 두 번째 똥세례였다. 스무 살, 혈기 많은 나에게서 화가, 울분이 터졌다.

'소가 왜 이렇게 말을 안 듣지? 내 인생은 왜 이렇지? 인생은 무엇인가? 공부는 왜 해야 되지? 왜 나는 공부할 수 없지? 돈이 없어서? 돈이 무엇인가?…'

그러나 소젖은 계속 짜야 했다.

일을 끝내고 마지막 소의 젖을 짜고 있었다. 소가 새끼를 낳았기에 억지로라도 노래를 불러 주며 젖을 짜고 있었다. 바닥도 깨끗이 정리되어 있어서 여유 있게 젖을 짰다. 그런데 참 눈치가 없지, 옆에 있던 소가 똥을 쌌다. 그리고 그 똥이 튀어서 내 입안으로 들어왔다. '미쳐 버리겠다.'

짜던 우유를 던져 버리고 우사에서 뛰어나와 하늘을 향해 삿대

질을 하며 소리쳤다. "뒤를 밀어줘야지! 뒤를!"

알바를 밀어주든지, 알바를 시켰으면 소라도 말을 잘 듣게 해주든지, 대학등록금을 주든지…. 이렇게 해놓고 나를 사랑한다고?

왜 나는 대학을 합격하고도 대학을 갈 수 없는가?

왜 나는 가난한 부모를 만나야 했는가?

어릴 때부터 쌓여 온 분노, 짜증, 화가 터져 나왔다. 나도 모르게 눈에서 눈물이 흘러내렸다.

"왜 청소년 사역을 하게 되었어요?" 십대의벗 30주년을 맞아 이 질문에 답을 하다 보니 30년 전 이 사건이 기억났다.

십대들을 바라보면 참 예쁘다. 서른 해 동안 함께했어도 여전히 예쁘다. 그렇게 가슴 저미도록 예쁜 만큼 가슴 절절히 안타깝다. 그들 가운데 무한한 가능성이 있는데 세상이 정해 놓은 기준 때문에 포기하는 것이 안타깝다. 마음껏 웃으며 십대다움을 표현할 수 있는 시기인데 잘못된 가치관과 기성세대의 억압 때문에 기죽어 있는 모습을 보면 안타깝다.

"야곱아, 너를 창조하신 여호와께서 지금 말씀하시느니라.

이스라엘아, 너를 지으신 이가 말씀하시느니라.
너는 두려워하지 말라.
내가 너를 구속하였고 내가 너를 지명하여 불렀나니
너는 내 것이라."(이사야 43:1)

"동한아, 너는 내꺼데이~."
하나님의 이 한마디에 내가 누군지 알아가기 시작했다.
남들이 나의 말투와 나의 성격에 대해 뭐라고 하여도, 나의 모습과 나의 능력에 이런저런 이야기를 하여도, 나를 창조하시고 계획하신 하나님은 나를 절대 내버려두지 않는다는 약속이 나를 붙들었다.
내가 누군지를 알고 나니 그제야 나아갈 방향이 보였다.
내가 누군지를 깨닫고 나니 할 일이 보였다.
내가 누군지를 받아들이니 나를 만든 그분의 마음이 느껴졌다.
그래서 나는 오늘도 다음세대를 위해 엎드린다.
그들과 함께 울고 웃는다.

내가 누구인지를 몰라 방황하는 십대들에게 이 책이 작은 도움이라도 되길 바란다. 더불어 다음세대를 위해 엎드려 기도하

는 다음세대의 지도자와 교사들, 그리고 이들과 함께 울고 웃을
수 있는 분들이 이 책을 꼭 읽었으면 좋겠다.

　그렇게 모두가 힘을 모아 십대들의 뒤를 '있는 힘을 다해' 밀
어주기를 소망한다.

　뒤를 밀어줘야죠, 뒤를!!

　*** 지금까지 부족한 저를 이해하고 말없이 섬겨 주신 십대의벗
200여 명의 간사님들께 깊은 감사를 드립니다.

2017년 3월

십대의벗 **황동한**

01

나는
도대체
누구인가?

1
작고 하찮은 나

앞집 누구는 명문대학교에 합격했다, 옆집 누구는 경시대회에 입상했다는 소문을 들을 때 스스로 너무도 작게 느껴집니다. 지금 하고 있는 이 일이 무슨 가치가 있고 소용이 있을까 하고 생각할 때도 있습니다. 어깨에 힘이 쭉 빠지고 그만두고 싶고 포기하고 싶고 훌쩍 떠나서 다른 것을 시도해 보고 싶은 마음이 듭니다. 그러나 기죽지 마세요. 하나님의 역사는 처음부터 그렇게 대단한 것으로 시작하는 것만은 아닙니다.

스코틀랜드에서 있었던 일입니다. 어느 목사님이 3년 동안 열심히 목회했지만 진정한 의미에서 거듭난 성도는 한 사람밖에 없어 힘들어하고 있었습니다. 목사님은 로버트 마펫이라는 한 사람만 회심했을 뿐이라고, 힘없는 목소리로 동료 목사에게 하소연했습니다. 그 이야기를 듣던 동료 목사도 자신의 처지도 마찬가지라며 하소연했습니다.

"나는 얼마 전에 한 주간 동안 부흥회를 가졌는데 큰 역사가 일어날 것을 기대하고 있었네. 그러나 당신과 마찬가지로 한 사람밖에 회심하지 못했지."

그런데 여러분, 3년 만에 회심했다는 한 명의 성도인 로버트 마펫은 아프리카 선교의 기초를 놓은 로버트 마펫 선교사가 되었고, 일주일간의 부흥집회를 통해 얻었던 유일한 회심자 리빙스턴은 아프리카 대륙에 복음의 불을 활활 타오르게 한 위대한 인물이 되었습니다.

여러분도 혹 지금 나의 일에 결실이 없어 보여 하나님의 역사를 의심하거나 힘들어하고 있지는 않습니까? 만약 그 목사님들이 한 사람의 성도와 한 명뿐인 회심자라는 생각에 그 사역을 포기했다면 하나님은 그분들을 통해 하나님의 일을 계속 이어가실 수 없었을 겁니다.

한 사람의 가치는 너무나 소중합니다.

한 사람 아담으로 죄가 들어와 온 세상이 죄인 된 것처럼,

한 사람 예수 그리스도를 통해 의가 나타났습니다.

하나님은 결코 하나의 가치를 '작다'라고 판단치 않으십니다. 미미한 일일지라도 주어진 여건에서 작은 것에 충성을 다해 보세요. 그 가치를 바르게 판단하고 마음을 다해 보세요.

그 일로 말미암아 하나님은 그분의 뜻을 나타내실 것입니다.

Bible Table 시편 126:5

♥···· **개역개정성경** 눈물을 흘리며 씨를 뿌리는 자는 기쁨으로 거두리로다

♥···· **메시지성경** 절망 가운데 곡식을 심은 이들, 환호성을 올리며 추수하게 하소서

| **적용하세요**(느낀 점. 적용할 점. 감사 제목) |

2
나에게
묻는다

"당신은 누구입니까?"

"Who are you?"

십대 친구들에게 자주 하는 질문입니다. 쉬운 질문 같지만, 직접 자기 자신에게 "넌 누구니?"라고 물어보면 쉽게 대답하기 힘든 질문이기도 합니다. 넌 누구냐고 묻는 제게 여러분은 "그러는 당신은 누구냐?"며 되물어 볼 수 있습니다. 그러면 저는 "황동한입니다"라고 대답할 것입니다. 그러면 "아니, 그것은 당신 이름이고요, 진정 당신은 누구입니까?"라며 마치 동문서답하는 사오정을 대하고 있는 것처럼 답답해하며 또다시 물어볼 것입니다. 그러면 저는 "저는 십대의 벗 대표입니다"라고 대답할 것입니다. 여러분은 제 대답에 두 손을 크게 저어 가며 "아니, 그것은 당신 직업이고요!"라고 하겠지요. 저는 곰곰이 생각하며 개미만 한 목소리로 "저는 부산에 살고 있어요"라고 대답할지도 모르겠습니다. 말이 끝나기가 무섭게 여러분은 "그건 사는 장소고요"라고 말할 것이고, 저는 땀까지 삐질삐질 흘려 가며 "저는 남자고요, 키가 180센티미터 넘는 사람입니다"라고 힘겹게 대답할 것입니다. 그러면 여러분은 "그것은 당신의 신체 조건이고 성별일 뿐이에요"라고 답답해하며 더 이상 물으려 하지 않을 것입니다.

아무리 생각해 봐도 제 환경의 그 무엇이 저 자신일 수는 없습니다. 만일 저의 팔이나 다리가 절단된다면 그것이 '나'라고 할 수 있을까요? 만일 여러분이 저에게 심장이나 콩팥 같은 주요 장기를 이식해 준다면 '나'는 나일 수 있는 것일까요?

우리는 자기 자신이나 다른 사람을 겉모습에 따라 판단하는 경향이 있습니다(뚱뚱하다, 키가 크다, 못생겼다). 또 능력에 따

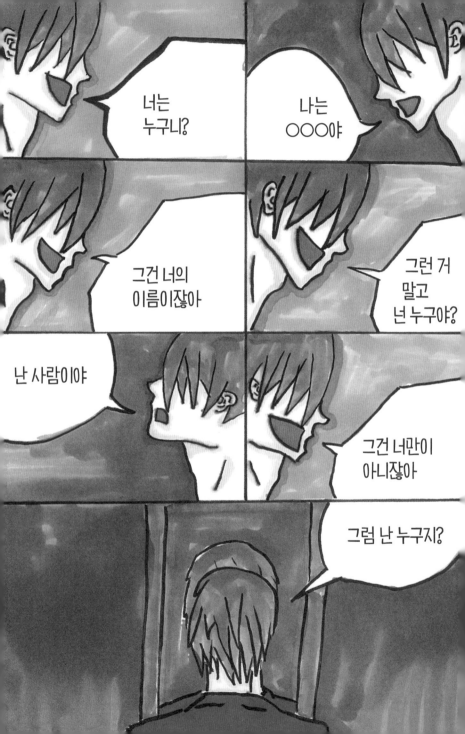

라 판단하는 경향도 있습니다(공부를 잘한다. ○○학교에 다닌다. 집이 부자다.). 교회 다니는 사람은 어느 교단, 교회에서의 직분으로 자신을 소개할지도 모릅니다. 그런데 여러분. 정말 여러분이 누구인가 하는 것이 여러분의 성적, 가정환경, 외모에 따라 결정되는 것일까요? 곰곰이 이 질문에 답해 보세요.

"WHO AM I?"

"진짜 나는 누구인가요?"

Bible Table 창세기 1:27

♥ᵒᵒᵒ **개역개정성경** 하나님이 자기 형상 곧 하나님의 형상대로 사람을 창조하시되 남자와 여자를 창조하시고

♥ᵒᵒᵒ **메시지성경** 하나님께서 사람을 창조하시되 하나님을 닮게 창조하시고 하나님의 본성을 드러내게 창조하셨다. 하나님께서 사람을 남자와 여자로 창조하셨다.

| 적용하세요(느낀 점, 적용할 점, 감사 제목) |

내
환경보다

　　　　　　　　"이런 상황에서 여러분은 어떻게
하시겠습니까?"

　선생님이 학생들에게 질문을 던졌습니다. 남편은 성병에 감
염된 환자입니다. 아내는 폐결핵에 걸려 있습니다. 네 명의 아이
를 낳았습니다. 큰아들은 이미 병으로 죽었습니다. 나머지 세 자
녀도 건강이 좋지 못합니다. 아내는 다섯째를 임신했습니다.

　"배 속의 아이를 어떻게 하는 것이 최선일까요?"

　학생들은 대답했습니다.

　"유전적으로 그 아이는 건강하지 못할 것입니다. 또한 가정

환경이 불우해서 아이가 태어난다고 해도 희망이 없습니다. 어릴 때 교육은 너무나 중요합니다. 그러므로 낙태해야 합니다."

그때 선생님께서 말씀했습니다.

"이 일을 어쩌나요? 여러분은 방금 음악의 거장 베토벤을 죽였습니다. 베토벤이 태어난 당시의 상황이 그러했습니다."

위대한 인물들이 꼭 좋은 환경에서 성장했던 것은 아닙니다. 오히려 힘들고 어렵고 고단한 삶 가운데 위대한 인물이 태어났습니다. 지금의 어려움으로 학교 공부가 안 되어 남보다 뒤떨어지고 스스로 못난 것 같아 포기하고 주저앉아 버리고 싶습니까? 하지만 여러분이 내일 어떤 사람이 되어 있을지 누구도 알 수 없는 일입니다. 또한 여러분은 이 지구에서 오직 한 사람밖에 없는 유일하고 특별한 존재입니다.

여러분의 꿈을 이뤄 가시는 하나님을 바라보세요. 현재 상황만 바라보지 마세요. 지금의 높은 장벽은 여러분을 저 높은 곳에 두기 위한 사다리임을 명심해야 합니다.

♥••• **개역개정성경** 그러므로 너희는 하나님이 택하사 거룩하고 사랑받는 자처럼 긍휼과 자비와 겸손과 온유와 오래 참음을 옷 입고

♥••• **메시지성경** 하나님께서 새로운 사랑의 삶을 살라고 여러분을 택하셨으니, 하나님께서 여러분을 위해 골라 주신 옷, 곧 긍휼과 친절과 겸손과 온화한 힘과 자제심의 옷을 입으십시오.

| 적용하세요(느낀 점, 적용할 점, 감사 제목) |

내 자화상은
어디에

나 자신의 내면 여행을 떠나 봅시다.

내가 알고 있는 나는 누구인지? 내가 과연 누구인지?

두 소년이 외모가 비슷하다는 이유로 자신들의 역할을 바꿨던 《왕자와 거지》 이야기를 읽은 기억이 나세요? 왕자는 거지로 신분과 환경이 바뀌어도 변함없이 왕자답게 당당합니다. 너무나 당당하여 그가 처한 환경에서는 교만하게까지 보입니다. 허름한 옷과 찢어진 신발과 형편없는 몰골이면서도 왜 위풍당당

할까요? 왕자는 자신의 신분을 알고 외부의 환경에 조건을 두지 않았기 때문입니다.

하지만 거지는 궁궐에서 당대 최고의 옷, 음식, 특권 등이 주어져도 예전처럼 자신감 없고 비굴하고 거지처럼 행동합니다. 겉모양만 왕자이지 깨달음과 변화는 없습니다.

스스로 갖고 있는 자화상의 차이입니다. 자신이 누구인지 정확히 아는 사람만이 환경과 상황에 관계없이 안정감을 갖고 자신감 있고 당당하게 살 수 있습니다. 이 시대를 살아가는 우리의 모습을 한번 돌아볼까요? 교회에서 설교와 성경 말씀을 통하여 '나는 하나님의 아들, 하나님의 딸'이라고 배웠습니다. 유년시절엔 "왕 왕 왕 왕, 나는 왕자다. …공 공 공 공, 나는 공주다"라고 노래까지 불렀습니다.

그러나 실제로 우리는 거지 왕자처럼, 그토록 멋진 궁궐과 좋은 환경에서 원망과 불평으로 살아가고 있지 않습니까? 저와 여러분은 조선시대에는 왕이라 해도 입지 못할 세련되고 좋은 옷을 입고, 왕이 신어 보지 못한 신발을 신고, 왕이 먹어 보지 못한 음식과 왕이 누리지 못한 환경을 누리면서도 원망과 불평을 하고 있지 않습니까? 그 당시 왕이 어찌 나이키를 신었으며 자가용을 탔으며 에어컨과 보일러가 돌아가는 집에서 살았으며 하늘을 나는 비행기를 타고 다니고 와이파이가 빵빵 터지는 스마트폰 세상을 상상이라도 했겠습니까? "하나님 나라의 왕자다"라고 말하면서도 우리는 여전히 세상의 기준으로 자화상을 만들어 바라보고 있지 않나요? 어른들이 어떤 자가용을 타느냐 몇 평 아파트에 사느냐로 자신을 평가하듯, 우리 학생들은 어떤 신발을 신느냐 어떤 메이커의 옷을 입느냐 어떤 스마트폰을 가지고 있느냐 등으로 자신의 신분을 스스로 높이려 애씁니다.

무엇보다 우리는 하나님 안에서 자녀 된 특권, 자아 정체성을 발견하는 것부터 잘 점검해 보아야 합니다. 하나님의 자녀 된 특권을 모를 때, 우리는 삶의 목적을 잃고 세상에서 방황하고 집착하며 의미 없이 살아가게 됩니다. 또한 하나님 안에서 나를 발견하는 것이 중요합니다. 실상은 크리스천이면서도 부정적인 자아상 때문에 자신을 제대로 인정하지 못하는 십대들이 너무 많습니다. 나 자신이 만일 이렇다면 한번쯤 깊은 통찰과 말씀 묵상을 통하여 나의 정체성을 찾아보길 부탁드립니다. 그리고 영적

지도자나 멘토가 있다면 찾아가 조언도 구해 보세요.

　우리는 '하나님의 아들'이며 '하나님의 딸'입니다. 나 때문에 예수님이 죽기까지 값을 치르고 사신 하나님의 아들, 딸이니 진정 나의 값어치는 '예수님짜리'입니다.

Bible Table 갈라디아서 2:20

♥··· **개역개정성경** 내가 그리스도와 함께 십자가에 못 박혔나니 그런즉 이제는 내가 사는 것이 아니요 오직 내 안에 그리스도께서 사시는 것이라 이제 내가 육체 가운데 사는 것은 나를 사랑하사 나를 위하여 자기 자신을 버리신 하나님의 아들을 믿는 믿음 안에서 사는 것이라

♥··· **메시지성경** 정말로 나는 그리스도와 함께 십자가에 못 박혔습니다. 이제 내 자아는 더 이상 내 중심이 아닙니다. 나는 더 이상 여러분에게 의롭게 보이거나 여러분에게서 좋은 평판을 얻고 싶은 마음이 없습니다. 나는 더 이상 하나님께 좋은 평가를 얻어야 한다는 강박관념이 없습니다. 그리스도께서 내 안에서 살고 계십니다. 여러분이 보는 내 삶은 "나의 것"이 아니라, 나를 사랑하시고 나를 위해 자기 목숨을 내어 주신 하나님의 아들을 믿는 믿음으로 살아가는 삶입니다. 나는 이 삶을 저버리지 않을 것입니다.

5

정체성을
찾아서

　의식과 생각의 차이가 우리를 힘
들게 합니다. 현재 대한민국에 사는 우리 모두는 남녀노소를 불
문하고 하루하루 살아가는 일이 참 힘듭니다. 그럴수록 서로 힘
이 되고 위로가 되어야 할 부모와 자녀도 서로에게 상처를 주고
받습니다. 십대들은 부모님 때문에 힘들어합니다. 그렇잖아도
힘든데 끊임없이 잔소리를 하고, 이것저것 요구 사항이 많습니
다. 학교에서도 공부 따라가야지, 친구들과의 관계도 있지, 선생
님 눈치도 봐야 하지 참 힘듭니다. 요즘 십대들, 가정에서나 학
교에서나 너무 힘들고 답답합니다.

부모님은 자녀 때문에 힘듭니다. 아침에 일찍 일어나지 않고, 방은 언제나 지저분하고, 학교와 학원 지각을 밥 먹듯 하고, 부모와의 약속을 잘 지키지 않습니다. 매일 힘들다고 하면서도 밤새워 게임이나 스마트폰에 빠져 있는 모습은 참기 힘듭니다.

요즘 가정에서 흔히 볼 수 있는 광경일 것입니다. 그래서 하루에도 열두 번 부모와 자식 간에 갈등이 일어나고 다툼이 생깁니다. 각자의 입장에서 보고 들으면 양쪽 다 이해가 됩니다. 그러나 둘이 마주 보면 문제가 생깁니다. 왜 그럴까요? 바로 의식의 차이, 생각의 차이 때문입니다.

부모의 입장에서는 자녀인 십대들이 좀 더 깊이 생각하고 의식 있게 살기 원합니다. 하지만 아직 생각과 의식이 만들어져 가는 시기에 있는 십대들의 입장에서는 부모나 어른들이 자신들의 처지를 이해하지 않고 꼰대질을 한다고 생각합니다.

누구나 손쉽게 자신의 입장에서 상대방에 대해 판단합니다. 부모도 자녀도 모두 생각을 다시 잡고 의식의 전환을 하지 않으면 여전히 서로 내 것이 옳다며 주장해 갈등 상황이 지속될 뿐입니다. 이제 저는 이 갈등 상황을 어떻게 해결할 수 있을지 이야기해 보려고 합니다.

수직의식과 수평의식

의식의 세계는 수직의식과 수평의식으로 나눌 수 있습니다. 역사와 전통, 윤리와 철학은 수직의식에 속합니다. 우리가 많이 접하는 재미와 흥미는 수평의식입니다. 그런데 이 수평의식과 수직의식은 어느 순간 마주치게 됩니다. 이렇게 마주치고 충돌할 때 가장 먼저 나 자신이 누구인지 살펴봐야 합니다. 나는 누구인가요? 하나님이 창조하신 사람입니다. 만물의 영장입니다. 만물을 다스리고 통제할 사람입니다. 본능보다 뛰어난 의식을 가진 사람입니다. 갈등 상황에 놓이면 화를 내거나 분을 내기에 앞서 내가 어떤 존재이고 그 존재로서 지금 왜 이런 갈등을 하는지 생각해 보기 바랍니다.

의식 있는 십대

우리는 누구나 부모님의 자녀입니다. 부모님은 나를 낳아 주시고 길러 주시고 보살펴 주십니다. 기본적으로 부모님은 감사해야 할 대상이고 존경해야 할 대상입니다. 내 편안함과 편리함을 위해 부모님께 함부로 대하고 있지는 않은지요? 부모님을 함부로 하는 것은 내 안의 기본적인 의식에 문제가 있을 가능성이

높습니다.

 # 나는 남성(여성)입니다. 성 정체성을 확실하게 갖고 있어야 합니다. 요즘은 무엇이 좋고 나쁜 것인지, 무엇이 남성적이며 여성적인지 특징짓기도 어려운 세상이기에 십대 시기에 정체성을 잘 정리해 두어야 합니다. 또한 자신의 성 정체성에 혼란이 있는 친구가 있다면, 꼭 상담을 받아 보기 바랍니다. 이때의 정체성의 혼란으로 평생 어려움을 겪게 됩니다.

 # 나는 학생입니다. 십대는 아직 가르침을 받아야 하는 시기, 배우는 시기입니다. 물론 배우는 것은 십대 때뿐만 아니라 평생 해야 할 일입니다. 지금의 내 생각이 아무리 옳다고 생각되어도, 겸손하게 배우는 자세로 살아야 합니다.

지금의 혼란스러운 대한민국 상황에서 무엇이 중요한 것인지 그래도 우리에게는 분명한 기준이 있습니다. 우리는 하나님의 자녀이기 때문입니다. 성경에 분명한 기준이 있습니다. 성경의 기준대로 살다 보면 내가 더 손해를 봐야 하고 섬겨야 하는 때가 옵니다. 나보다 공동체를 더 생각해야 할 때가 옵니다. 가정을 위해 내 것을 좀 내려놓거나, 학교와 반을 생각해야 하거나, 담임선생님이나 친구를 배려해야 하는 순간이 있습니다. 이러한 것들 속에서 우리는 진정한 기쁨과 감사를 누릴 수 있어야 합니다. 그 어떤 자아의식보다 중요한 것은 우리는 '하나님의 자녀'라는 것입니다. 하나님이 자기 아들을 우리에게 보내 주신 헌신과 배려, 우리는 그 헌신과 배려를 따라가는 십대들이기 때문입니다.

Bible Table 갈라디아서 2:20

♥ **개역개정성경** 내가 그리스도와 함께 십자가에 못 박혔나니 그런즉 이제는 내가 사는 것이 아니요 오직 내 안에 그리스도께서 사시는 것이라 이제 내가 육체 가운데 사는 것은 나를 사랑하사 나를 위하여 자기 자신을 버리신 하나님의 아들을 믿는 믿음 안에서 사는 것이라

♥ **메시지성경** 정말로 나는 그리스도와 함께 십자가에 못 박혔습니다. 이제 내 자아는 더 이상 내 중심이 아닙니다. 나는 더 이상 여러분에게 의롭게 보이거나 여러분에게서 좋은 평판을 얻고 싶은 마음이 없습니다. 나는 더 이상 하나님께 좋은 평가를 얻어야 한다는 강박관념이 없습니다. 그리스도께서 내 안에서 살고 계십니다. 여러분이 보는 내 삶은 "나의 것"이 아니라, 나를 사랑하시고 나를 위해 자기 목숨을 내어 주신 하나님의 아들을 믿는 믿음으로 살아가는 삶입니다. 나는 이 삶을 저버리지 않을 것입니다.

6
나 같은
인간이

십대를 위한 내적 치유 수련회에
서 있었던 일입니다.

"목사님! 저 같은 인간이 무엇을 할 수 있겠어요?"

"저는 안 돼요."

대화 중에 들었던 말인데 참으로 안타까웠습니다.

한쪽 팔이 없거나 한 쪽 다리가 없으면 장애로 생각하여 치료
를 받고, 다치고 병들면 병원으로 달려갑니다. 실력 있는 의사를
찾아 수술도 받고, 약도 바르고, 입원해서 치료도 받습니다. 그
런데 육신은 모두 건강하나 마음에 병이 들어 "나는 안 돼" "나

는 할 수 없어" "나 같은 놈이 뭐"라고 한다면, 도대체 이런 병은 누가 고친단 말입니까?

　그러나 나이 어린 십대가 이런 마음의 병을 앓고 있어도, 누구 하나 고칠 생각도 못 하고 노력도 하지 않으니 더 큰 문제입니다. 가장 큰 문제는 무엇일까요? 문제가 무엇인지조차 모르는 것이 아닐까요? 많은 부모들이 눈에 보이는 자녀의 육신의 병에 대해서는 병원을 찾고 약을 먹이며 치료에 힘쓰지만, 영혼과 마음이 병든 자녀의 마음은 전혀 모르고 살아갑니다.

　참으로 안타까워 제가 이 마음의 병을 고치는 사역을 한 지 30년째입니다. 그러나 아직 많은 부모나 어른들이 마음의 병은 병으로 여기지도 않습니다. 그런데 이 마음의 병을 고치지 않은 채 좋은 대학을 들어가도, 아니 졸업을 해서 결혼을 하고 좋은 직장에 취업을 한다 해도 힘 있고 능력 있는 삶을 살 수 없다는 것을 다들 모르고 있습니다. 많은 십대들이 "저 같은 사람이 무엇을 할 수 있겠어요?"라는 말을 합니다. 이런 십대들은 스스로 뭘 할 수 있다는 생각을 안 하기 때문에 무기력하게 살아가고 있는 것이 현실입니다. 자신에 대해 어떤 기대조차 없습니다. 자신이 뭘 한다는 것을 사치로, 허황된 꿈으로 여기는 십대가 많습니다. 자신은 아무것도 할 수 없는 존재라고 확신하고 있습니다.

왜 이런 생각을 하게 될까요?

남들과 비교해 두드러진 것이 없고, 뛰어나거나 자랑할 만한 것이 없다는 생각 때문입니다. 그러니 남들 보기에 자신이 얼마나 답답해 보일까 생각합니다. 그래서 기가 죽고 결국 자신은 초라한 존재라 여겨 모든 것을 체념하게 됩니다. 이미 자포자기한 상황에서 누군가 무슨 말이라도 하면 "죽지 못해 살고 있는데 왜 자꾸 나를 못살게 굴어요. 그냥 가만히 내버려 두세요!"라며, 오히려 화를 내고 짜증을 냅니다. 그런데 그런 아이들 모습 속에서 엄청난 잠재력을 발견합니다. 부정적인 자아상, 부정적인 생각, 부적정적 말. 왜 그렇게 부정적인 것으로 꽉 잡혀 있을까요?

예수님은 우리에게 말씀하셨습니다.

"네 믿음대로 되리라."

이 말씀대로라면 내가 안 된다고 믿으면 진짜

로 안 되고 마는 것 아닌가요?

사랑하는 십대 여러분!

나의 문제는 무엇일까요? 왜 자꾸 안 된다고만 생각하나요? 뒤집어 생각해 보세요. '자살'이라는 단어를 거꾸로 읽어 보세요! '살자', '살자'입니다!! 나는 지금 무엇을 기대하고 있는지요? 그 기대에는 재산도, 학력도, 나이도 필요 없습니다. 외모도, 키도, 성별도 상관없습니다. 하나님의 아들, 딸들이여 나의 사랑하는 친한 친구(7179) 십대의벗이여!

기대감을 갖고 살아갑시다.

제발 한 번만 생각을 확 바꾸어 보세요.

한 번만!

Bible Table 누가복음 18:42

♥··· **개역개정성경** 예수께서 그에게 이르시되 보라 네 믿음이 너를 구원하였느니라 하시매

♥··· **메시지성경** 예수께서 말씀하셨다. "다시 보아라! 네 믿음이 너를 구원했고, 낫게 했다!"

비교하는 나,
건강한 나

아들 개구리가 밖으로 놀러 나갔다가 입이 큰 소를 보고 놀라서 집에 돌아와 엄마 개구리에게 이야기를 했습니다. 엄마 개구리는 자기 입이 세상에서 제일 큰 줄만 알고 있다가 자기보다 더 큰 입을 가진 소가 있다는 것을 듣고 성형외과에 가서 입을 크게 수술했습니다. 그러고는 소를 찾아가 입의 크기를 비교했습니다. 수술 자리가 몹시 아팠지만 자기 입이 조금 더 큰 것을 확인하고는 가까스로 마음이 놓였습니다. 며칠이 지난 후 아들 개구리가 놀러 나갔다가 이번에는 입이 더 큰 하마를 보고 돌아와서 엄마에게 말했습니다. 엄마 개구리는 또다시 성형외과에 찾아가 하마 입보다 더 크게 수술을 했습니다. 의사는 개구리 입을 하마 입보다 더 크게 하면 죽을지도 모른다고 이야기했지만 엄마 개구리는 죽어도 좋으니 더 크게 수술해 달라고 했습니다. 의사는 할 수 없이 엄마 개구리 입을 하마보다 좀 더 크게 수술해 주었습니다. 엄마 개구리는 입이 아파 견딜 수 없었지만 하마 입과 자기 입의 크기를 비교해 보면서 하마 입보다 더 큰 것을 확인하고는 기뻐했습니다.

엄마 개구리 입의 수술 자리가 겨우 아물 즈음, 아들 개구리가 멀리 놀러 갔다가 이번에는 악어의 입을 보고 돌아와 엄마에게 말했습니다. 엄마 개구리는 또다시 의사에게 찾아가서 악어 입보다 더 크게 수술해 달라고 말했습니다. 의사는 펄쩍 뛰며 개구리 입을 악어 입처럼 찢어 놓으면 진짜 죽는다고 했습니다. 만일 산다고 해도 하루밖에 못 산다고 했습니다. 그러나 엄마 개구리는 단 하루를 살다 죽어도 좋으니 악어 입보다 더 큰 입을 갖고 싶다며 수술을 요구했습니다. 결국 의사는 엄마 개구리 입을 악어 입보다 더 크게 수술해 주었습니다. 엄마 개구리는 아직 수술에서 회복되지 않은 입을 가지고 악어의 집을 찾아갔습니다.

'누가 입이 더 큰가' 하는 비교 의식 때문이었습니다. 그러나 힘들게 악어 집에 도착해 보니 대문에는 "출타 중. 3일 후 귀가 예정"이라는 쪽지가 붙어 있었습니다.

　비교한다는 것은 무엇일까요? 어떤 인물이나 대상을 나란히 놓고 비슷한 점과 다른 점을 알아보는 것을 말합니다. 좋은 것도 아니고 나쁜 것도 아닙니다. 비교의 결과를 놓고 자신의 약점을 발견하여 건설적으로 고치고, 강점을 발견하여 건강하게 발전시킨다면 비교하는 일은 인격 성숙에 도움을 줍니다. 그러나 비교하다가 오히려 우월의식에 빠지거나 열등의식에 빠진다면 인생을 파괴하는 결과를 가져옵니다. 다윗이 골리앗을 이기고 돌아오자, 사람들이 '사울은 천천이고 다윗은 만만이다'라고 비교했습니다. 그 결과 자아상이 병들어 버린 사울은 다윗을 죽이려 했습니다.

　우리는 비교 의식으로 병든 자아상을 고쳐야 합니다. 너무 축소해도 안 되고, 너무 확대해도 안 됩니다. "나 같은 것이 뭘 해?"라고 축소해서 "난 아무것도 할 수 없어"라고 하는 것도 문제이지만, "난 무엇이든 다 잘할 수 있어~"라고 너무 자신하는 것도 문제입니다. 나 자신을 하나님의 형상으로 만든 존재라는 인식으로 바라보는 것이 건강한 나의 첫걸음입니다. 하나님의 형상을 닮은 하나님의 작품으로 단점도 인정하고 장점도 인정해야 합니다. 그리고 오늘 나에게 맡겨진 일을 감당하고 새로운 내일을 위하여 준비하고 달려가는 것이 중요합니다. 내가 하나님의 작품이듯 다른 이들도 하나님의 작품이므로, 그들의 장점을 인정하고 칭찬하는 것이 건강한 것입니다. 그렇게 내 모습 그대로 받아 주시는 주님을 신뢰하는 것이 건강한 것입니다. 나 자신의 단점을 솔직히 인정하고 고쳐 나가는 것이 건강한 것입니다. 성숙한 선배에게 멘토를 받는 것이 건강한 것입니다. 바로 오늘 이 글을 읽고 비교에 대해 생각해 보는 것이 건강한 것입니다. 건강한 십대가 되어 보아요~!

Bible Table 창세기 1:27

♥••• **개역개정성경** 하나님이 자기 형상 곧 하나님의 형상대로 사람을 창조하시되 남자와 여자를 창조하시고

♥••• **메시지성경** 하나님께서 사람을 창조하시되 하나님을 닮게 창조하시고 하나님의 본성을 드러내게 창조하셨다. 하나님께서 사람을 남자와 여자로 창조하셨다.

누구나 우울증을
앓고 있다

　　　　　　브라운관에서 행복하게 웃던 연
예인이나 유명인이 자살했다는 보도는 십대뿐 아니라 기성세대
에게도 충격적인 소식입니다. 자살의 중요한 원인이 오랜 우울
증이었다는 보도도 이어집니다.

　도대체 우울증이란 무엇일까요? 복잡하고 변화무쌍한 시대
를 살아가는 우리는 사회에 적응하기 위해 심리적으로 부담감
을 갖게 됩니다. 살아남기 위해 애쓰다 보면 정서적으로 불안해
집니다. 그러기에 이 시대를 살아가는 이들은 누구든 우울증 진
단을 받을 가능성이 높습니다. 그런데 우울증도 종류가 있습니

다. 크게 보면 정상적인 우울증과 병적인 우울증이 있는데, 그 차이는 우울증의 심각성과 우울증 상태가 지속되는 시간으로 구분됩니다.

심리적 감기라고도 불리는 이 우울증은 남자보다 여자에게 많이 생기고 어른보다 십대에게 증상이 더 많이 나타납니다. 그런데 이 우울증의 강도가 강해지고 우울증 상태가 지속되는 시간이 길어지면 문제가 심각해집니다. 그래서 이 심리적인 질병은 심각한 경우 자살까지 이어지는 것입니다. 그뿐만 아니라 재발률도 높아 치료를 잘 받아야 하는 질병입니다.

아래에 우울증 간이진단 검사표가 있습니다. 스스로 진단해 보기를 부탁드립니다.

순 번	문 항	그렇다	아니다
1	성욕. 성적 생각이 늘었다.		
2	기운이 없고 침체된 기분이다.		
3	죽고 싶은 생각이 든다.		
4	잘 운다.		

5	어떤 함정에 빠져 헤어날 수 없는 기분이 든다.		
6	자책을 잘한다.		
7	외롭다.		
8	기분이 우울하다.		
9	매사에 걱정이 많다.		
10	매사에 관심과 흥미가 없다.		
11	장래에 희망이 없는 것 같다.		
12	매사가 수월하지 않고 힘들다.		
13	허무한 느낌이 든다.		

`Bible Table` **요한복음 1:12**

♥∘∘∘ **개역개정성경** 영접하는 자 곧 그 이름을 믿는 자들에게는 하나님의 자녀가 되는 권세를 주셨으니

♥∘∘∘ **메시지성경** 그분이 스스로 말씀하신 그분이며 말씀하신 대로 행하실 분이라고 믿은 이들은 누구나, 그들의 참된 자아, 곧 하나님의 자녀가 되게 해주셨다.

| 적용하세요(느낀 점, 적용할 점, 감사 제목) |

- 위의 간이우울증 검사는 간이정신진단검사 SCL-90-R, ㈜휴노의 검사지 중 일부를 발췌하여 사용한 것입니다.

우울증은
왜

　　　　　　　　　　좌절감을 안겨 주는 충격적인 사
건들, 강간, 이별, 가정불화, 사업 실패 그리고 작은 생활 사건들
이 누적되면 좌절감이 더해져 우울증을 유발합니다. 무기력감
을 가져오는 일, 즉 성적이 떨어지고 스스로 능력이 부족하다고
느껴지는 일에서 자존감에 손상을 입거나, 어떤 일에 실패한 후
안정감이 무너지면 우울증이 유발됩니다.

　그럼 이렇게 유발된 우울증을 어떻게 하면 치료할 수 있을
까요?

　먼저는 자신이 어떤 일을 할 때, 부정적인 생각을 하거나 부

정적인 판단을 자주 내리는지 살펴봐야 합니다. 우울증은 부정적인 사고와 판단이 지속될 때 강화됩니다. 부정적인 사고를 변화시키면 치료에 도움이 됩니다. '나는 무가치하다. 나는 열등하다' 하면 불안해지고 우울감이 몰려옵니다. 그러니 생각을 바꾸어야 합니다. '나는 가치 있다. 나는 하나님의 소중한 자녀이다' 라고 말입니다.

나 자신의 미래에 대한 불안감이 몰려올 때 우울증이 유발됩니다. 이럴 때는 미래에 대해 기대감을 가져야 합니다. '나는 하나님의 자녀이다. 하나님이 내게 계획하신 일이 있다.'

주변환경이 부정적일 때 우울증이 유발됩니다. 내가 처한 상황이 너무 열악할 때, 경쟁에서 도저히 이길 자신이 없을 때, 사람들은 자연스레 부정적인 생각을 하기 때문에 우울증이 유발되기 쉽습니다. 이럴 때면 부정적인 사고를 할 수 있는 환경을 최대한 끊어야 합니다. 그리고 부정적 사고와 긍정적 사고에 균형을 맞추도록 최대한 애써야 합니다. 이런 상황에 처한 십대는 주변의 도움이 필요합니다.

　왜곡된 사고, 즉 흑과 백으로 모든 것을 생각하면 우울증이 유발되기 쉽습니다. 한두 번 어떤 일에 실패했다고 해서 모든 일을 그렇게 판단하면 안 되는 것입니다. '나는 또 실패할 것이다'라는 생각을 극복하고 '비록 넘어졌지만 오늘은 어제보다 좋은 결과가 나올 것이다'라는 생각으로 도전할 수 있어야 합니다.

　전체를 바라보지 않고 일부 부정적인 상황만 보면 우울증이 유발되기 쉽습니다. 친구와 서로를 칭찬하고 격려하는 내용으로 긴 대화를 나누다가 아주 잠깐 나에 대해 부정적인 이야기가 나온 것을 두고 그 친구가 나를 비판했다고 생각하면 문제 아닌가요?

　사실을 왜곡하여 의미를 확대하거나 축소하는 것도 문제입니다. 잘못된 이름 짓기를 바꾸어야 합니다. 자신의 잘못을 과장하여 '나는 인간 쓰레기다, 성격이상자다, 돌대가리다'라고 자기를 비하하는 것은 정말 좋지 않습니다.

이외에도 충분한 근거 없이 다른 사람을 추론하고 단정하는 독심술 같은 생각, 자신의 미래에 대해 충분한 근거 없이 부정적으로 단정하고 확신하는 것, 현실의 나와 내가 꿈꾸는 이상적인 나와의 괴리감에 고민하는 것 등이 우울증을 유발합니다.

Bible Table **요한복음 1:12**

♥··· **개역개정성경** 영접하는 자 곧 그 이름을 믿는 자들에게는 하나님의 자녀가 되는 권세를 주셨으니

♥··· **메시지성경** 그분이 스스로 말씀하신 그분이며 말씀하신 대로 행하실 분이라고 믿은 이들은 누구나, 그들의 참된 자아, 곧 하나님의 자녀가 되게 해 주셨다.

| **적용하세요**(느낀 점, 적용할 점, 감사 제목) |

• 상담을 원하면, 한국청소년상담복지개발원(www.kyci.or.kr) 또는
십대의벗(www.octm1318.org)을 방문하세요.

우울증
치료하기

"나는 왜 이렇죠?"

"아니, 무슨 말이니?"

"나는 왜 이래요! 하나님이 어디 있어요? 하나님이 나를 왜 도와주지 않죠?"

나를 찾아온 한 학생의 이야기를 귀 기울여 들었습니다.

"모의고사 성적은 잘 나오는데 시험 당일만 되면 손에 땀이 나고 가슴이 울렁거리고 터질 것 같아요. 앉아 있을 수가 없는 알 수 없는 눌림에 또 시험을 망치면 어쩌나 하는 압박이 밀려

와요. 이제는 시험이 두려워요. 그토록 기도하며 시험 시간에 안정감을 달라고 했는데 하나님은 왜 도와주시지 않죠?"

나를 대할 때 차갑기만 했던 그 학생의 마음속 이야기를 들으며 가슴이 아려 왔습니다.

"이제 학교도 가기 싫어요. 평소에는 잘하는데 시험 당일만 되면 왜 이렇죠?"

눈물을 흘리며 분노와 울분을 쏟아 냈습니다.

"언제부터 이런 증상이 시작되었니?"

그 학생은 중학교 2학년 때 중간고사를 잘 봐서 성적을 올리기로 약속하고 열심히 공부했다고 합니다. 그런데 시험 당일 소화불량인지 장염인지 먹은 것이 올라오고 토하고 어지럽고 식은땀이 흘러 시험을 제대로 보지 못하고 병원에 입원했다고 합니다. 그런데 이런 증상이 기말고사에도 이어지고, 그다음 해, 그다음 해까지 이어지며 3년이 넘도록 계속되고 있다고 했습니다. 당연히 시험이 다가오는 게 무섭고 두려워졌습니다. 살기도 싫고 공부할 마음도 없고 죽고 싶고 재미있는 것이 하나도 없게 되었습니다. 친구들과 뛰어놀고 이야기하는 것도 귀찮아졌습니다. 자신도 모르게 술을 마셨고 술을 마시며 어울린 친구들과 다니면서 인생이 점점 꼬이고 만 것입니다. 마음속으로는 왜 이러지 왜 이러지 하면서도 나아지는 건 아무것도 없었습니다.

"부모님은 저를 향한 기대감에 뒷바라지를 잘해 주셨는데 저는 왜 이렇게 되었는지, 저도 잘 모르겠어요."

내게 거침없이 속마음을 쏟아 내는 것을 들으며 속으로 작은 안도감이 생겼습니다.

'마음 문이 열렸구나. 이제 주님이 일하시겠네!'

죽으면 저렇게 편안함이 있을까?

큰딸로 태어나 부모님의 사랑을 한 몸에 받았다고 합니다. 그러다 중학생이 되었을 때 동생이 태어났는데 자신에 대한 사랑이 동생에게 모두 가는 것 같았답니다. 아빠엄마를 빼앗긴 기분이었습니다. 더 열심히 공부해 잃어버린 아빠엄마의 사랑을 되찾고 싶었습니다. 그래서 발버둥 쳤는데 성적이 뜻대로 오르지 않은 것입니다. 그럴수록 문제는 꼬여 결국 이렇게 되어 혼란스러워하고 있었습니다.

초등학교 때는 반장도 하고 성적도 상위권이었습니다. 이상하게 중학생이 되면서 성적이 계속 떨어졌고, 고등학생이 돼서는 친구들과 술을 마시며 돌아다니게 되었습니다. 이런 자신이 너무 싫었습니다. 그런데 부모님의 잔소리는 더 견디기 힘들었습니다. 큰소리로 야단치는 아빠의 목소리가 듣기 싫었습니다. 자신을 달래 보려는 엄마의 나근나근한 소리는 더 싫었습니다.

"왜 우리는 늘 착해야 되죠? 공부가 뭐예요? 공부 잘하면 다 착한 사람이에요? 공부 못하면 착한 사람 아니에요? 나도 내 마음을 모르겠어요."

그렇게 속상해하며 부모님을 원망하다 자신의 속마음을 이야기하기 시작했습니다.

"보름달이 뜨던 어느 날, 창문을 바라보는데 아름다운 달빛 아래 나무그늘이 참 편안하게 느껴졌어요. 죽으면 저렇게 편안함이 있을까? 갑자기 죽고 싶은 마음이 들었어요. 그래서 손목을 그었어요. 그런데 엄마한테 발각되어서 죽지 못하고 살아났어요. 죽는 것도 내 마음대로 안 돼요. 왜 죽으면 안 되죠?"

쏟아지는 거침없는 질문 속에서 하나씩 실마리를 찾아감에

기쁨을 느꼈습니다.

　'얼마나 오랫동안 맺혀 있던 말인가? 얼마나 묻고 싶었던 궁금증이 터진 것인가? 얼마나 속마음을 털어놓을 곳이 없으면 나에게 털어놓는 것일까?'

　"아버지와 대화를 해본 적 있니?"

　"아빠는 말도 하지 마세요. 아빠는 사회에서 인정받으시는데 저는 그림자도 못 따라가요. 부끄러워서 말도 못 하겠어요. 아빠는 제 성적을 보면서 내 딸이 아니래요. 이런 딸 둔 적 없대요. 냉정한 아빠, 너무 싫어요."

　"아빠에게 안겨 본 적 있니?"

　"공부를 잘해야 안아 줘요. 공부 못하면 사람도 아니래요."

　"엄마와 아빠 관계는 좋니?"

　갑자기 울음이 터졌습니다.

　"수십 번 이혼한다고 했어요. 요즘은 따로 살아요. 아빠는 돈만 보내 줘요."

자신도 모르게 찾아온 우울증

가정에서 시작된 부모의 문제가 자녀에게 이어진 전형적인 사례입니다. 자신이 공부를 잘하면 부모님의 사이가 좋아질 것이라 생각한 것입니다. 어린 중학생이 감당하기에는 힘든 압박감이었습니다. 그래서 그 강박감이 시험 시간만 되면 불안함으로 나타난 것입니다. 부모로 인해 자기 인생을 망쳐 가는 불쌍한 딸….

대화를 마무리 지으면서 그 학생이 했던 말이 지금도 생생합니다.

"다 털어놓고 나니까 날아갈 것 같아요. 왜 이렇죠? 저는 다시 옛날처럼 돌아갈 수 있을까요?"

"그럼."

미소를 지으며 인사하고 나가던 모습이 지금도 눈에 선합니다.

요즘 부모들은 밥해 주고 돈벌어 주는, 부모로서의 기능만 하면 다 되는 줄 압니다. 그런데 그 기능만으로는 될 리가 없습니다. 그 안에 사랑이 필요하고 여유가 필요하고 용납이 필요합니다. 부모님들이 너무 바쁘게 살아가다 보니 이 중요한 핵심 사항을 잊어버리고 있는 것 같습니다. 딸이 저렇게 힘들어하는 줄 알았다면 가만있을 부모가 있을까요? 이런저런 대화를 나누는 중에 해결이 되었을 것입니다. 지금 이 순간 내 자녀가 이렇게 혼자 고민하고 있지는 않은지, 혼자 웅덩이에 빠져 있지는 않은지 살펴야 합니다. 부모들은 내 자녀는 내가 잘 안다 생각하지 말고 관심을 갖고 대화를 해 나가야 합니다.

부모라면 꼭 기억해야 할 자녀의 증상

급성우울증은 갑자기 찾아옵니다. 그 증상은 여섯 가지 정도로 보면 됩니다.

① 갑자기 그리고 급격히 체중이 감소하거나 증가된다.
② 심한 무기력감으로 아무것도 하지 않고 잠만 자고 밥만 먹으려고 한다.
③ 잠을 자지 못하고 소화불량과 복통을 호소한다.
④ 자주 머리가 아프다고 하고, 신체적으로 여러 가지 아픈 증상이 나타난다.
⑤ 즐거운 상황을 만들지 못하고 스스로 고통스러워하고 우울

한 분위기에 빠진다.

⑥ 미래에 관하여 비관적이고 아무 계획 없이 그저 하루하루 살
아간다.

왜 이런 증상이 생기고 우울증에 빠지게 될까요? 여러 가지 원인이 있겠지만 가장 큰 원인은 신체적 원인입니다. 최근에는 많은 의사들이 우울증을 뇌 과학적 측면으로 설명합니다. 뇌의 신경전달물질이 불균형하게 되어 호르몬의 변화를 일으키는 경우가 많다고 합니다.

신체적 원인과 함께 중요한 것은 심리적인 원인입니다. 내 계획이 좌절되거나 큰 기대감이 무너지면 호르몬이 불균형한 반응을 일으켜 불규칙한 신체리듬을 만들어 냅니다. 마지막으로 유전적 원인도 중요합니다. 특별히 가족 간의 분위기가 결정적인 영향을 미치곤 합니다. 가족 중 한 사람이 우울증에 빠지면 온 가족에게 영향을 주게 됩니다. 또한 가족 중 한 사람이 위급하거나 힘든 상황을 겪으면 이 또한 큰 영향을 미칩니다. 가족의 죽음, 사업의 실패, 부모의 이혼 등 견디기 힘든 심한 스트레스를 받을 때 우울증을 겪게 됩니다. 이처럼 다양한 원인으로 우울

증이 찾아옵니다.

어떻게 회복할까?

우울증을 회복하는 방법에는 여러 가지가 있는데, 가장 먼저 죄책감에서 벗어나야 합니다. 하나님이 주신 죄책감인지, 자기가 만들어 낸 거짓 죄책감인지 분별해야 합니다. 시험 성적이 나쁜 것은 내 기대감에 미치지 못한 거짓 기대감입니다. 신앙인들은 이 부분에서 혼동을 겪습니다. 스스로 만든 거짓 기대감을 이루지 못한 것에 대해 하나님께 분노하며 심한 죄책감에 빠지게 됩니다.

참된 죄책감은 기도로 용서받을 수 있습니다. 그러나 거짓 죄책감은 자신에 대한 잘못된 인지 왜곡이 계속 강화되어 갈 뿐입니다. 그것은 삶의 형태나 분위기에 따라 더욱더 강화되어 자신을 스스로 속입니다. 과거의 경험이 현재에 계속 영향을 주어 더욱더 미래를 어렵게 만들어 갑니다.

하나님은 이런 나를 그대로 용납하십니다. 하나님은 이런 나를 꾸중하지 않으십니다. 38년 된 병자를 꾸중하지 않으시고 간음한 여자도 꾸중하지 않으셨습니다. 하나님 하면 떠오르는 이미지가 무엇인가요? 나를 혼내는 하나님, 부모의 기대에 미치지 못한 성적을 받아 왔다고 혼내는 하나님이 아닙니다. 살아보려 애썼다고 품어 주시는 하나님입니다. 낮은 자존감 때문에 울고 있나요? 십대 때는 모두 다 실패하고 배워 가는 시기입니다. 바로 이런 나를 위해 예수님을 보내 주셨고, 그분이 대신 십자가에서 죽으심으로 나를 용납하셨습니다.

지금 내 모습 그대로의 나를 용납하시는 하나님께 기도하며 솔직히 고백해야 합니다. 우울증이 왔다면, 기도와 함께 좋은 병원을 찾아가 의사의 치료를 받는 것도 중요합니다. 그리고 심리 상담도 받아야 합니다. 하나님은 분명히 기도하는 자녀를 회복시켜 주실 것입니다.

Bible Table 요한복음 1:12

♥∘∘∘ **개역개정성경** 영접하는 자 곧 그 이름을 믿는 자들에게는 하나님의 자녀가 되는 권세를 주셨으니

♥∘∘∘ **메시지성경** 그분이 스스로 말씀하신 그분이며 말씀하신 대로 행하실 분이라고 믿은 이들은 누구나, 그들의 참된 자아, 곧 하나님의 자녀가 되게 해 주셨다.

11

나를
바라보아요

　　　　여행을 갔는데 거울 세 개가 놓였
기에 하나씩 제 모습을 비춰 봤습니다. 첫 번째 거울 앞에 서니
제 키가 너무나 크게 보였습니다. 두 번째 거울 앞에 서니 제 키
가 너무 작게 보였습니다. 세 번째 거울 앞에 섰을 때에야 원래
의 제 모습이 보였습니다. 거울에 따라 저 자신이 달리 보였습니
다. 첫 번째 거울은 제 키보다 크게 보여 줘서 기쁘게 해 주었고,
두 번째 거울은 제 키보다 작게 보여 주어 움츠러들게 했습니다.
세 번째 거울 속 제 모습을 보고야 안심이 되었습니다.

만약 제 눈이 크거나 작게 보이게 하는 거울처럼 세상을 왜곡해서 바라보게 한다면 어떨까요? 컵에 반쯤 채워진 물을 보며 '물이 반 컵밖에 없네!'라고 하는 것과 '물이 반이나 있잖아!'라고 하는 것은 하늘과 땅 차이입니다. 내가 나를 바라보는 눈이 건강해야 합니다. 우리나라의 십대들은 학교 성적으로 그 사람의 모든 것을 평가받습니다. 이런 문화 속에서 스스로를 건강한 눈으로 바라보며 살기란 참 힘듭니다. 어떻게 하면 나 자신을 건강한 모습으로 볼 수 있을까요? 제가 생각하는 몇 가지 방법을 나눠 보겠습니다.

① 나는 하나님 보시기에 값진 존재입니다.

나라는 존재는 하나님께서 보시기에 "너무 좋았다"라고 말씀하신 귀한 존재입니다. 내 행위나 잘못을 보고 좋았다고 말씀하신 것이 아닙니다. 세상에 갓 태어난 아기는 웃거나, 엄마 젖을 먹거나, 잠을 자거나, 언제든 모든 사람에게 사랑을 받습니다. 그 아기가 어떤 행위를 해서 그런 게 아니라 아기의 존재 자체가 사랑스러운 것입니다. 하나님도 내가 공부를 좀 못해도, 얼굴이 예쁘거나 키가 크지 않아도, 명품 신발 한 켤레 없어도, 예수

님의 피로 사신 나의 존재 자체를 사랑하십니다. 내가 어떤 존재인지 꼭 기억해야 합니다.

② 심리의 저장창고. 건강한 자아상

정서적 안정감은 삶의 에너지를 채워 놓는 저장창고 같습니다. '내가 누구인가? 어떤 목적으로 살아가는 사람인가?'라는 자기 정체성과 삶의 목적이 분명한 사람은 심리의 저장창고에 에너지가 가득 차 있어서 지치지 않습니다. 그러나 내가 누구인지 잘 모르고, 삶의 목적이 불분명하면 조금만 일을 해도 지치고 힘이 빠지기 마련입니다. 그런 사람은 내가 지금 왜 이 일을 하는지 모르니 금세 흥미를 잃고 포기합니다. 하나님은 나를 이 땅에 보내셨습니다. 이 땅을 하나님 나라로 만들기 위해 내게 소중한 일을 맡기셨습니다. 하나님 앞에 내가 누구인지, 하나님이 내게 주신 소명이 무엇인지 찾아보기 바랍니다. 하나님 안에서 내 건강한 자아상을 찾아야 합니다.

③ 내 안의 위대한 나를 발견해 보세요.

내 안에는 두 마음이 있습니다. 어둠의 소리도 들리고, 성령님의 소리도 들립니다. 여기서 중요한 것은 내 안에 분명히 성령님이 계시다는 것입니다. 그분이 지금도 나를 나 되게 만들고 계신다는 것입니다. 나의 가치는 내 행위에 달려 있지 않습니다. 오직 예수님의 십자가의 대가로 내 가치는 이미 위대한 것입니다. 하나님은 어떤 조건도 없이 나를 사랑한다고 하셨습니다. 결코 지금의 내 행위와 평판으로 판단하지 않으십니다. 사탄의 보잘것없는 속임수에 속지 마세요.

'너 같은 게 뭘 한다고? 아무것도 못 해'라고 말하는 사탄. 나도 모르게 사탄에게 속아 분노하고, 사탄의 속임수에 넘어져 조종당하고, 주위의 평판에 과민반응을 보이다가 우울증이나 대인기피증에 빠져 움츠러듭니다. 내 속에 계시는 성령님의 음성을 들어 보세요. '너는 내가 창조한 값진 내 딸이다, 아들이다' 하시는 말씀을요. 오늘도 내 속에서 내가 얼마나 위대한 존재인지 말씀하시는 하나님을 기억하기 바랍니다.

④ 과거의 쓴 뿌리를 완전히 끊어 버리기 원하시나요?

과거는 지나간 것입니다. 과거의 쓴 뿌리를 완전히 끊어야 합니다. 옛 자아에서 과감히 벗어나세요. 부끄러움에서 벗어나야 합니다. 부끄러움은 열등감에 빠지게 하고 습관적으로 파괴적인 행동을 만들어 내며 스스로 자기 연민에 빠지게 합니다. 그래서 아무것도 하기 싫은 실어증을 유발하고 결국 스스로 고립과 도피 생활을 하게 만듭니다. 잠수를 타고 사라져 버리게 하는 것이지요. 창의적인 생각과 활동이 사라지고 자기 외모에 싫증이나 내가 나를 보는 것조차 싫어집니다. 쓴 뿌리를 끊어야 합니다. (쓴 뿌리를 어떻게 끊어야 하는지는 105쪽 "고난의 폭풍이 불 때"에 잘 설명되어 있습니다.)

우리는 예수 그리스도의 십자가로 새로운 생명을 얻은 자입니다. "이전 것은 지나갔으니 보라 새것이 되었도다." 오늘 나의 변화를 가로막는 장애물을 꺾어 버리세요. 나는 새로운 사람입니다. 새로운 삶은 오늘 나의 선택에 달려 있습니다. 새로운 선택을 하고 싶지 않나요? 선택은 나의 몫입니다. 선택하기로 결정하고 하나님께 간구하면 분명히 도움을 주실 것입니다.

Bible Table **고린도후서 5:17**

♥··· **개역개정성경** 그런즉 누구든지 그리스도 안에 있으면 새로운 피조물이라 이전 것은 지나갔으니 보라 새 것이 되었도다

♥ ··· **메시지성경** 우리가 보는 것은, 누구든지 메시아와 연합하면 새로운 출발을 할 수 있고, 새롭게 창조될 수 있다는 것입니다. 옛 삶이 지나가고, 새로운 삶이 싹트는 것입니다!

| 적용하세요(느낀 점, 적용할 점, 감사 제목) |

12

느낌
아니까

벚꽃이 만개했습니다. 떨어지는 잎이 눈꽃 같습니다. 화창한 날씨에 분홍색 눈꽃이 되어 버린 벚나무에 와~~~!! 탄성이 절로 나옵니다. 자, 상상을 해 보세요. 이런 분위기에서 내가 원하는 음악이 흘러나옵니다. 나 자신도 모르게 발과 손으로 박자를 맞추며 리듬에 몸을 맡깁니다. 겨우내 얼어붙었던 마음이 사그라지듯 녹습니다. 이것이야말로 봄의 어울림이라고 할 수 있겠지요? 마치 뜨겁고 쓴 커피에 달콤한 설탕이 녹듯이, 우리의 오감이 모두 섞이고 녹아져 나도 모르게 나오는 행동들 같이요.

사람들이 감정을 말할 때 나쁜 감정 좋은 감정이라고 하지만, 저는 감정은 좋고 나쁜 것이 없다고 생각합니다. 단지 조절해야 할 감정만 있을 뿐입니다. 어떤 이는 감정을 절제해야 한다고 해서 절제의 훈련을 받기도 합니다. 절제가 필요한 순간은 분명 있습니다. 그렇지만 슬픈 영화를 보고 실컷 눈물을 흘리거나 감동적인 소설을 읽고 카타르시스를 느끼거나 위험한 상황을 당해 두려움을 느끼는 것 등 감정은 우리에게 매우 중요한 표현 방법입니다. 이 감정을 놓고 나쁜 감정, 좋은 감정으로 구분하기에 앞서 조절하는 법을 알아야 합니다.

 # 두려운 감정: 나쁜 것만은 아닙니다. 밤길을 걷는 것이 두려워 부모님께 미리 도움을 청한다면 두려운 감정의 좋은 역할일 것입니다.

 # 화나는 감정: 화는 사람을 참 힘들고 난처하게 만들지만 잘만 다루면 오히려 좋은 감정이 될 수 있습니다. 성경 속 하나님도 정의와 공의를 위해 화를 내시는 장면이 여러 곳에 등장합니다. (단 무분별하게 화를 내는 것은 조금 다른 문제입니다.)

 # 우울한 감정: 남성보다 여성에게 우울한 감정이 더 많이 나타나는 경향이 있습니다. 과학적으로 볼 때, 이는 '세르토닌'이라는 호르몬 때문이라고 합니다. 세르토닌은 행복을 느끼는 데 기여하는 호르몬이라고 알려져 있는데, 이 호르몬이 남성보다 여성에게서 적게 나온다는 것입니다. 그렇다고 남성에게 우울증이 없다는 말은 아닙니다. 보편적으로 볼 때 그렇다는 이야기이지, 현대를 살아가는 사람들은 대부분 우울한 감정을 느끼고 있습니다. 그래서 술도 마시고 담배도 피우며 이런 감정을 달래보려는 것 아닐까요? (우울증에 대해서는 47쪽 "누구나 우울증을 앓고 있다"를 참고하세요.)

십대 여러분, 지금은 절제보다는 많이 느끼고 많이 생각하고 많이 표현하는 연습이 필요한 때입니다. 먼저 느껴 봐야 합니다. 많이 느끼고 경험한 후에 다스림과 조절이 필요합니다.

십대는 앞에서 이야기한, 벚꽃이 눈처럼 날리고 아름다운 음악이 흐르는 것을 오감으로 느끼는 봄과 같은 때입니다. 이 봄을 마음껏 느껴 보세요. 그렇게 느낀 나의 감정을 마음껏 표현해 보세요. 기분 좋은 감정, 쪽팔리는 감정, 사랑스러운 감정, 슬픈 감정…. 그것이 무엇일지라도 내 속에서 올라오는 감정을 마음껏 느껴 보세요. 그렇게 모든 감정을 누린 후 다스림을 연습해 보세요.

이 세상은 누구의 것인가요?
젊음은 우리에게 주어진 특권이자 기회 아닌가요?
나만의 세계를 위해 준비된 것을 느끼고 하늘을 향해 달려 나가 봅시다.

Bible Table 마태복음 28:18

♥∘∘∘ **개역개정성경** 예수께서 나아와 말씀하여 이르시되 하늘과 땅의 모든 권세를 내게 주셨으니

♥∘∘∘ **메시지성경** 이에 아랑곳하지 않고, 예수께서 곧바로 이렇게 지시하셨다. "하나님께서 내게 주신 권세와 명령으로 너희에게 이 일을 맡긴다."

| 적용하세요(느낀 점. 적용할 점. 감사 제목) |

02

주저앉고
싶은
나에게

13
나 하나쯤
사라진다고

힘차게 허공을 가르던 지휘자의 손이 갑자기 멈추었습니다. 수많은 대원들의 눈길이 지휘자에게 모아졌습니다. "거기 제3 바이올린 뭐하세요?" 그제야 제3바이올린의 근영이는 화들짝 놀라 눈을 떴습니다. 오케스트라의 그 많은 소리 중 너무도 보잘것없는 소리. 제1, 제2 바이올린도 아니고 가뭄에 콩 나듯 가끔 나오는 자신의 바이올린 소리는 미미했고 그 소리를 내기 위해 기다려야 하는 자기의 신세가 너무나도 초라했습니다. '나 하나쯤 소리 내지 않는다고 무슨 큰 지장이 있으려고…' 하는 생각을 하고 있던 근영이는 지휘자의 지적에 무척 놀랐습니다.

'아니! 나의 이 작은 소리가 멈췄다고 이 큰 오케스트라가 멈추다니! 이 소리가 그토록 중요했단 말인가?'

이제야 의미 없이 불평과 짜증으로 대했던 자신의 위치가 크게 다가왔습니다.

우리는 간혹 이런 생각을 합니다. '이 세상의 많고 많은 사람들 중 나 하나쯤 사라진다고, 나의 소리를 내지 않는다고 무슨 일이 일어날까?' 이런 생각으로 포기하거나 주저앉아 버리고 있지 않은지, '내가 사라지면 세상은 더욱 잘될 거야'라고 생각하고 있지는 않은지…. 길거리의 이름 없는 돌과 민들레도 남이 알아주든 말든 길가 모퉁이 한곳에 자리 잡고 있고, 심지어 하루살이조차 하루를 살기 위해 그렇게 힘차게 날갯짓을 하고 있습니다. 하나님께서 나를 이 땅에 태어나게 하고 살게 하며 지금 이곳에서 나의 소리를 내게 하신 의도가 분명히 있습니다. 그러니 나의 소리 내는 것을 스스로 포기하지 말아야 합니다. 이 소리는 어느 누구도 나 대신 내줄 수 없는 소리입니다. 전 세계 인구 가운데 나와 비슷한 너는 많지만

'나'라는 존재는 단 한 명뿐입니다. 하나님은 이 세상에 바로 '나의 소리'가 필요해서 나를 창조하신 것입니다. 이제 나의 소리를 내 보세요. 하나님의 자녀인 우리는 어떤 소리를 내야 할까요? 그 소리가 크든 작든, 하나님께서 오직 나에게만 허락하신 나만의 소리를 더욱 가치 있게 만들기 위해 우리는 오늘도 연습해야 합니다. 아직 작고 서투르더라도 힘차게 나의 삶으로 나만의 소리를 뜨겁게 연주해 보면 어떨까요?

Bible Table 야고보서 1:5

♥••• **개역개정성경** 너희 중에 누구든지 지혜가 부족하거든 모든 사람에게 후히 주시고 꾸짖지 아니하시는 하나님께 구하라 그리하면 주시리라

♥••• **메시지성경** 여러분이 무엇을 어떻게 해야 할지 모르겠거든, 아버지께 기도하십시오. 그분은 기꺼이 도와주시는 분이십니다. 여러분은 그분의 도우심을 받게 될 것이며, 그분의 도우심을 구할 때 부끄러움을 당하지 않을 것입니다.

| 적용하세요(느낀 점. 적용할 점. 감사 제목) **|**

14

악마들의
회의

하늘의 악마들이 '어떻게 하면 세상의 십대들을 망하게 할 수 있을까' 하는 주제로 회의를 열었습니다. 먼저 분노의 악마가 말했습니다. "십대들에게는 자기 마음대로 하고 싶어 하는 마음이 있어. 맘대로 안 된다고 고함치고 화내고 짜증 내고 신경질 나게 해서 성격에 문제가 생겨 망하게 하는 거야."

그러나 욕망의 악마가 나타나 반박했습니다. "그건 너무 노골적이야. 지혜로운 아이들은 걸려들지 않을 거야. 방법은 하나밖에 없어." 모두의 시선이 모였습니다. "그것은 욕망으로 가득 차게 하는 거야. 수단과 방법을 가리지 않고 자기 자신만의 성공을 위해 살라고 부추기는 거지. 수단과 방법을 가리지 않고 1등을 하고, 좋은 고등학교와 일류 대학교에 입학하면 된다고 말이야."

이때 분열의 악마가 말했습니다. "그렇게 순응할 바보는 세상에 몇 명뿐이야. 잘되면 몰라도 잘못된 결과는 자기가 책임져야 하기 때문이지. 그것보다는 서로 분열시켜 시기하고 질투해 협력 못하게 만드는 것이 최고야. 나만 잘하면 된다고 추켜세우면 많은 십대들이 따라올 거야. 특히 부모와 자녀를 분열하게 하고 학생과 선생을 분열하게 하고 친구와 친구를 분열하게 하면 분명히 십대는 자기 고집대로 할 것이기 때문에 실패하여 망하게 될 거야."

그때 마지막으로 한 악마가 얘기했습니다. "나는 하나님께서 십대에게 원하시는 것이 무엇인지 설득력 있게 설명해 주고 정직하고 깨끗한 마음을 가지고 용감하게 살려는 십대들의 마음이 얼마나 훌륭한지 칭찬해 주겠어. 그리고 삶의 목적을 달성할 수 있도록 용기를 북돋아 줄 거야." 다른 악마들의 미심쩍은 시선을 뒤로하고 그 악마는 태연하게 말을 이어갔습니다. "서두를 필요 없어. 오늘만 날은 아니야. 내일도 있고 모레도 있잖아. 시작하기 전에 좋은 시간과 좋은 날과 좋은 환경을 기다려야 해. '오늘 놀고 내일부터 하자. 오늘 자고 내일부터 하자. 오늘은 푹 자고 내일부터 하자. 오늘은 내 마음껏 하고 내일부터 순종하자'라고 말이야. 그렇게 자꾸만 내일 내일 하면 결국 망하지."

이 말을 마치자 모든 악마가 "자네가 세상으로 내려가 십대들을 멸망시키게. 자네뿐이네"라고 격려했다고 합니다.

다름 아닌 내일로 미루게 하는 악마가 바로 연기(delay)의 악마였습니다. 연기의 악마에게 속지 말아야 합니다. 혹 오늘 밤에 하나님께서 나의 영혼을 불러 가신다면 어떻게 하시겠습니까? 지금 결단하고 선택하고 실행해야 합니다.

Bible Table 잠언 19:15

♥°°° **개역개정성경** 게으름이 사람으로 깊이 잠들게 하나니 태만한 사람은 주릴 것이니라

♥°°° **메시지성경** 빈둥거리는 자의 삶은 무너지고 게으름뱅이는 배를 곯는다.

내 흑역사를
지우개로
지울 수 있다면

"쪽팔려 죽겠어요."

"아니, 왜?"

"몰라요, 친구에게도 쪽팔리고 부모님께도….."

이유를 들어 보니, 성적 때문에 좋은 고등학교에 진학하지 못해 자존심이 상한 것 같았습니다. 그 마음 충분히 이해가 갔습니다. 칠판에 글씨를 쓰다 잘못 쓰면 언제든 지우고 다시 쓰면 됩니다. 우리의 삶도 지우고 다시 살 수 있다면 얼마나 좋을까요? 크게 잘못한 일이 있을 때는 더욱 그러할 것입니다. 우리 친구들은 어떤가요? 인생을 오래 살지 않았지만 누구나 이런 아쉬움과 후회는 하기 마련입니다. 그런데 인생은 참 신기한 게 다시 시작한다고 해서 예전 일이 없었던 것처럼 되지 않습니다. 그렇기 때문에 한 번 두 번 후회할 일을 하고 나면 쉽게 자포자기합니다.

다시 시작하는 것이 그렇게 어려운 일일까요? 아마도 그토록 어렵다고 느끼는 이유는 지나간 시간의 일을 되돌릴 수 없다는 생각 때문일 것입니다. 이미 지나간 과거는 없어졌다 생각하고 다시 시작해 보려 해도 사람들이 그 잘못을 오랜 시간 기억하고 또 비난하는 경우가 있기 때문에 참 쉬운 일이 아닙니다. 그러나 우리 십대들이 과거의 잘못 때문에 인생을 포기하고 원망하기에는 앞으로 살아갈 날이 창창하게 많습니다. 아직 꽃도 피우기 전에 미리 포기하고 원망으로 끝나기에는 참으로 아까운 시절입니다.

남들이 좋다고 하는 고등학교에 진학하면 무조건 성공하나요? 원하지 않은 고등학교에 진학하면 무조건 실패인가요? 오히려 이것이 계기가 되어 더욱 열심히 해서 좋은 결과를 가져올 가능성도 얼마든지 있습니다. "그런데요? 사회의 눈이 그렇게

보지 않잖아요?" 맞습니다. 그렇기에 여러분 같은 사람이 성공해서 잘못된 생각을 바꿔 줄 수는 없을까요? 이 글을 읽고 있는 여러분도 과거의 그 무엇 때문에 그만두고 싶고, 포기하고 싶고, 주위의 눈초리에 부끄러워했던 경험이 있을 것입니다. 그 부끄러움의 강도만큼 다시 한 번 새롭게 시작해 볼 마음은 없나요?

겉보기에는 불가능해 보이는 것도, 다시 시도해 볼 때 더 의미 있는 새 길로 열릴 수 있습니다. 꿈을 향해 나아가다 보면, 종종 어렵고 힘든 장애물에 부딪혀 넘어지고 실패하고 돌아가기도 하지만 그것은 부끄러운 일이 아닙니다. 가장 부끄러운 것은 포기하는 것입니다. 다시 시작하는 것, 새 마음을 먹는 것은, 아름답고 용기 있는 일입니다. 실패 역시 꿈에 속합니다. 정말 최선을 다하는 삶은 절대 멈추어서도, 포기해서도 안 되는 것입니다.

하나님이 우리에게 주신 계획을 우리가 발견하여 우리 길을 찾아 살아갈 때, 하나님은 얼마나 기뻐하며 우리에게 새 힘을 주실까요?

"사랑하는 내 아들아, 다시 힘을 내어라. 내가 다시 일으켜 줄게."

하나님의 격려의 소리가 들리지 않습니까?

"너는 내 아들(딸)이야. 다시 한 번 도전해 보자. 응?"

Bible Table 갈라디아서 6:9

♥∘∘∘ **개역개정성경** 우리가 선을 행하되 낙심하지 말지니 포기하지 아니하면 때가 이르매 거두리라

♥∘∘∘ **메시지성경** 그러니 선을 행하되 지치지 마십시오. 포기하거나 중단하지 않으면, 때가 되어 좋은 알곡을 거둘 것입니다.

| 적용하세요(느낀 점. 적용할 점. 감사 제목) |

16

한 번
더!

양과 돼지의 차이를 아십니까? 양은 진창에 빠지면 거기서 빠져나오려고 발버둥을 칩니다. 그러나 돼지는 진창에 드러누워 뒹굽니다.

성공하는 사람은 실패 속에서 빠져나오기 위해 발버둥칩니다. 반면 실패하는 사람은 실패 속에서 그냥 뒹굽니다. 하던 일이 어렵다고 해서 그만두는 것은 얼마나 쉽겠습니까? 그러나 어려운 것은 그 일을 다시 하려는 것입니다. 포기하는 것은 아주 간단하며 쉽습니다. 그러나 고달픈 것은 다시 해 보려고 마음먹었을 때입니다.

우리가 존경하는 아브라함 링컨은 실패의 대가였습니다. 그는 1931년 사업에 완전히 실패한 후 정치에 뛰어들었지만 실패의 연속이었습니다. 일곱 번의 낙선으로 신경쇠약증에 시달렸습니다. 두 번 주 의회원에 당선되고 한 번 국회의원에 당선되었지만, 끊임없는 도전과 좌절치 않는 신념으로 1860년 드디어 미국 대통령에 당선되었습니다.

실패했다고 생각할 때가 시작할 때입니다. 수영선수가 되기 전에는 절대로 물에 들어가지 않겠다는 사람은 얼마나 어리석은 사람입니까? 실패가 두려워 일을 시작하지 않겠다는 사람도 마찬가지일 것입니다. 다시 한 번 용기 내어 도전해 보세요. 실패했을 때가 성공의 시작인 것입니다.

Bible Table 잠언 16:3

♥··· **개역개정성경** 너의 행사를 여호와께 맡기라 그리하면 네가 경영하는 것이 이루어지리라

♥··· **메시지성경** 하나님을 네 일의 책임자로 모셔라. 그러면 계획한 일이 이루어질 것이다.

17

인생의 위기
앞에서

아빠엄마의 직장과 사업이 어려워지고 가정 살림이 궁색해져 자신의 학교생활과 공부마저 함께 움츠러드는 십대는 없는지요? 그러나 여러분! 십대는 피 끓는 젊음과 용기를 가진 사람입니다. 모두가 어려워하는 지금, 잃어버린 것들을 슬퍼하는 대신 아직도 남아 있는 것을 최대한 활용하는 지혜를 발휘합시다.

위대한 업적을 남긴 사람들 중 그들의 위대함이 드러난 때는 대부분 극심한 어려움에 부딪혔을 때입니다. 세계를 정복한 나폴레옹도 간질병을 앓았고,

명작《실낙원》은 최악의 가난 속에서 밀턴이 빚어낸 작품이었으며, 나라를 구한 잔다르크는 시골 농부의 딸이었고, 송명희 시인은 소아마비 장애인이면서도 베스트셀러의 주인공이 되었습니다.

똑같은 아침이슬을 먹으면서도 뱀은 독을 만드는 반면, 꿀벌은 꿀을 만들지 않습니까? 중요한 것은 우리는 하나님이 주신 고난을 극복할 힘의 저수지를 갖고 있다는 것입니다. 어려움은 장애물이 아니라 성공할 수 있는 좋은 기회인 것입니다. 어려움의 상황은 우리의 용기를 자극해서 숨겨진 능력을 발휘하게 해 줄 것입니다. 남겨진 일은 용기를 발하는 것입니다. 미리 겁에 질려 움츠리는 것이 아니라 담대하게 그 기회를 포착하는 것입니다. 문은 항상 열려 있습니다.

십대 여러분! 지금 힘들고 괴롭습니까? 우리를 창조하시고 지키시는 분은 하나님입니다. 게다가 여러분은 젊습니다. 이제 힘을 내십시오. 여러분의 지혜와 용기를 지금 이 사회가 필요로 하고 있습니다.

Bible Table 야고보서 5:10

♥°°° **개역개정성경** 형제들아 주의 이름으로 말한 선지자들을 고난과 오래

참음의 본으로 삼으라

♥ ••• **메시지성경** 옛 예언자들을 여러분의 멘토로 삼으십시오. 그들은 모든 것을 참았고, 온갖 고난을 겪으면서도 멈추지 않고 언제나 하나님을 경외했습니다.

| **적용하세요**(느낀 점. 적용할 점. 감사 제목) |

18

꼴찌에게
박수를

1968년 10월 28일 오후 7시 멕시코시티 올림픽 경기장. 모두의 시선이 마라톤 결승 지점에 모아져 있습니다. 드디어 1등으로 달리던 선수가 경기장에 들어오자 관중들의 환호와 축하의 박수가 경기장 한가득 울립니다. 다음 선수들이 차례로 경기장 안으로 들어옵니다. 그렇게 시간이 점점 지나 날이 어두워질 때쯤 마지막 그룹의 선수들이 경기장 안에 들어서고 있었습니다. 선수들은 힘겨운 자신과의 싸움의 끝인 결승선을 통과한 후 비틀거리며 넘겨졌습니다. 관중들이 마지막 선수까지 다 들어왔다고 생각하며 경기장을 나가려

고 할 때 멀리서 경찰차의 사이렌 소리가 들려왔습니다. 잠시 후 경찰차의 호위를 받으며 한 선수가 어둠 속에서 뛰어오고 있었습니다.

그의 이름은 존 스티븐 아쿠와리. 아프리카 탄자니아 선수였습니다. 맨발인 그의 다리는 붕대로 감겨 있었고, 흰 붕대 위로 붉은 피가 배어 있었습니다. 경기 도중 자주 쓰러진 그는 그때마다 포기하지 않고 힘겹게 일어나서 다시 달렸습니다. 경찰차가 뒤따르며 호위해야 할 정도로 심각한 부상이었습니다. 그러나 그는 고통과 외로움을 견디며 42.195킬로미터라는 자신과의 긴 싸움을 포기하지 않고 끝까지 달린 것입니다. 그는 절뚝거리며 힘겹게 운동장을 한 바퀴 돌았습니다. 경기장을 떠나려던 관중들은 이 마지막 주자를 향해 멈춰서 그 선수가 경기를 마칠 때까지 쉬지 않고 박수갈채를 보냈습니다. 금메달을 딴 우승자를 향한 박수보다도 더 큰 박수 소리가 울렸고, 선수가 결승선을 통과한 후에도 박수 소리는 좀처럼 멈추지 않았습니다. 결승선을 통과한 그는 쓰러졌고, 쓰러진 선수에게 한 기자가 물었습니다.

"부상을 입고도 왜 경기를 포기하지 않았습니까?"

아쿠와리 선수는 숨을 헐떡이며 짧게 말했습니다.

"내 조국은 내가 경주를 시작하라고 7000마일 밖에서 나를 보내지 않았습니까? 경주를 끝까지 마치라고 7000마일 밖의 이곳까지 보낸 것입니다."

하나님은 나에게 이 일의 시작만 하라고 이곳 이 자리에 보내지 않으셨습니다. 끝까지 하라고 나를 이 땅에 보내신 것입니다.

포기하지 마십시오. 포기하지 마십시오. 결단코 포기하지 마십시오.

요한삼서 1:2

♥°°° **개역개정성경** 사랑하는 자여 네 영혼이 잘됨같이 네가 범사에 잘되고 강건하기를 내가 간구하노라

♥°°° **메시지성경** 나는 그대를 진정으로 사랑합니다! 그대와 나는 가장 절친한 친구 사이이니, 나는 그대가 하는 모든 일이 잘되고, 그대가 건강하기를 기도합니다.

| 적용하세요(느낀 점, 적용할 점, 감사 제목) |

허드렛물

한 남자가 혼인집에 갔습니다. 마침 그곳에는 포도주가 모자랐습니다. 잔칫집에서 기쁨을 주고 즐거움을 주는 가장 중요한 포도주가 모자란 것입니다. 어떻게 하면 이 포도주를 구할 수 있을까요? 택배로 시켜도 될 일이 아닙니다. 급하게 가서 사 올 수도 없습니다. 이렇게 좋은 날, 사람들의 입에서는 원망과 불평이 터져 나옵니다. 그러나 그 남자는 그 문제를 알았습니다. 그리고 해결했습니다.

허드렛물!

발이나 씻고 버릴 수밖에 없는 그 물을 값진 포도주로 만드신 것입니다. 그분은 바로 예수님이었습니다. 왜 하필이면 허드렛물을 포도주로 바꾸신 걸까요?

공부 잘하는 사람만 인정받는 학교,
신앙생활 잘하는 사람만 대우받는 교회,
예쁘고 잘생기고 스펙도 짱짱한, 그런 사람만 인정받는 사회,
금수저 흙수저를 나누는 사회,
바로 그것이 우리의 현실입니다.

향기도, 맛도, 색깔도 어느 것 하나 갖추지 못한 허드렛물을 바꿔 쓰는 것처럼 예수님은 우리를 바꿔 쓰기 원하십니다. 우리의 인생을 값진 포도주처럼 향기도 색깔도 맛도 뛰어난, 그래서 사람들의 기쁨이 되고 세상에서 꼭 필요한 사람으로 만들어 쓰기를 원하십니다. 예수님이 장례식이 아닌 혼인잔치에서 첫 기적을 보이신 것도 바로 이런 이유 때문이 아닐까요? 불평이 가득한 그곳을 주님께서 잔칫집 같은 흥한 인생으로 만들겠다는 것입니다. 기쁨이 있고 풍성하며 새로운 만남이 있고 새로운 출

발이 있는 잔칫집 인생으로 만들겠다는 것입니다. 인간적인 절망이 있는 곳, 인간적인 아우성이 있는 곳, 인간적인 불평과 원망이 있는 그곳에서 우리 예수님은 새로운 일을 시작하셨습니다. 실패라는 것. 그것은 인생의 종착점이 아니라 주님이 계시기만 하면 새로운 출발점입니다.

지금 여러분이 원망하고 불평하는 것은 무엇입니까?

친구가 없어서, 성적 때문에, 부모님이 싫어서, 가난해서 불평합니까?

허드렛물로 포도주를 만드신 주님께 나아가야 합니다. 허드렛물로 잔치집의 큰 기쁨을 만드신 주님께 기도해야 합니다. 우리의 아버지이신 그분은 원망과 불평이 있는 자리를 기쁨과 행복이 가득한 자리로 넉넉히 바꾸시는 분입니다.

절망이 있는 곳, 아우성이 있는 곳, 불평과 원망이 있는 그곳에서 우리 예수님은 새로운 일을 시작하셨습니다. 실패라는 것. 그것은 인생의 종착점이 아니라 주님이 계시기만 하면 새로운 출발점입니다.

♥°°° **개역개정성경** 아무것도 염려하지 말고 다만 모든 일에 기도와 간구로, 너희 구할 것을 감사함으로 하나님께 아뢰라

♥°°° **메시지성경** 마음을 졸이거나 염려하지 마십시오. 염려 대신 기도하십시오. 간구와 찬양으로 여러분의 염려를 기도로 바꾸어, 하나님께 여러분의 필요를 알리십시오.

| 적용하세요(느낀 점, 적용할 점, 감사 제목) |

20
고난의 폭풍이
불 때

가정에 불어닥친 경제적인 어려움 때문에 용돈도 줄고, 엄마는 아침마다 짜증 섞인 목소리로 다그치고, 아빠는 아빠대로 어깨에 힘이 빠져 있고, 그걸 보는 나는 세상이 다 귀찮아져 버렸습니다. 부모님의 잔소리는 날로 더해 가고, 가족들은 구멍 난 가슴을 채울 길이 없어 서로를 향해 고성이 오갑니다. 슬픈 저녁을 보내고 다시 아침이 되어 아빠는 직장으로, 나는 학교로, 동생도 가방을 둘러메고 각자의 길을 걸어갑니다. 마음은 우울함으로 한가득입니다. 나 자신도 모르는 사이 내면의 깊은 곳에 자리 잡은 아픔은 나를 불행하게 만들고,

나의 미래를 다 빼앗아 가 버린 것 같습니다. 누구라도 붙잡고 마음속 짜증을 왕창 쏟아 내고 싶습니다.

얼마 전 한 분이 제게 이런 말을 해 주었습니다. 우리는 모두 다 마음의 쓴 뿌리로 인해 힘들어하며 살아간다고요.

왜 나에게 이런 어려움이 왔을까요? 비가 와야 지붕이 새는 것을 알고 고칠 수 있습니다. 어려움은 하나님의 뜻을 깨닫게 하는 하나의 방법일지도 모릅니다. 비가 오지 않을 때는 지붕의 어느 곳이 새는지 알 수 없듯이 말입니다. 분명 하나님은 이 어려움을 통해 우리에게 말씀하시려는 바가 있으실 것입니다.

왜 내게 고난이 왔다고 생각하시는지요? 이렇게 생각해 보면 어떨까요?

① 하나님께 묻는 방법을 가르쳐 주시기 위함입니다.

다윗은 아비나답의 집에 오랫동안 방치되어 있던 법궤를 성전으로 옮겨 가고 싶어 했습니다. 그래서 멋지고 화려한 수레를 만들고 수많은 군사들을 '행렬'하게 해 법궤를 운반했습니다. 그

러나 하나님께서 진노하시어 문제가 발생했습니다. 이 일을 통하여 다윗은 크게 깨달았습니다. 법궤를 옮길 때는 레위인들이 '어깨에 메어' 운반해야 한다는 하나님의 방법이 있었습니다. 그런데 그것을 지키지 않아 고난을 맞는 것입니다. 고난을 통해 우리는 하나님께 묻고 순종하는 좋은 태도를 배울 수 있습니다.

② 현실에 안주하기보다 미래를 준비하기 위한 것입니다.

우리는 본능적으로 고난을 당하기 전까지는 한없이 현실에 안주하고 싶어 합니다. '여기가 더 좋사오니 여기 그대로 머무르게 해 주세요'라며 현실에 만족하려 합니다. 그러다 고난이 오면 허망한 것을 포기하게 됩니다. 그리고 하나님 앞에서 가치 있고 의미 있는 일을 향해 달려가게 됩니다. 하나님이 내게 계획하신 일을 찾아 나서게 되는 것입니다.

③ 복 주시기 위함입니다.

하나님은 고난의 보따리에 복을 싸서 보내시는 분입니다. 어느 부모가 무작정 자녀에게 재물을 많이 주어 방탕한 삶을 살게 하겠습니까? 하나님도 마찬가지입니다. 우리에게 복 주시려면 우리를 단련하고 연단하여 방탕한 삶이 아니라 하나님의 나라를 위해 복을 잘 사용할 훈련을 시키실 것입니다.

④ 우리의 잘못된 태도를 고치기 위함도 있습니다.

인간은 쉽게 교만해져 생활이 편하고 일이 잘되면 무엇이 나쁜지 모르고 제 멋대로 살기 마련입니다. 그래서 이런 고난과 어려움을 통해 무엇이 나쁜 것인지를 깨닫고 다시 겸손해져 하나님을 따르고 순종하게 되는 것입니다.

⑤ 포기할 것은 포기하게 하기 위함입니다.

내 삶에서 고칠 수 있는 것은 고칠 수 있는 변화와 용기를 배우고, 고칠 수 없는 것에 대해서는 받아들이는 평안을, 그리고 이것을 분별할 수 있는 지혜를 얻을 수 있게 됩니다.

여러분에게 왜 고난이 왔다고 생각하는지요? 하나님께서 이 어려움을 통해 내게 무슨 말씀을 하려고 하시는지 곰곰이 생각해 보세요.

♥ ··· **개역개정성경** 의인은 고난이 많으나 여호와께서 그의 모든 고난에서 건지시는도다

♥ ··· **메시지성경** 주님의 백성들이 자주 곤경에 처할지라도 하나님께서는 그들과 늘 함께하신다.

| **적용하세요**(느낀 점. 적용할 점. 감사 제목) |

고난 극복
프로젝트

　　　　　　내게 왜 고난이 닥쳤는지 생각해
보셨나요? 하나님께서 이 고난을 통해 내게 무슨 말씀을 하시려
는지도 생각해 보셨나요?

　그럼 이제 제가 생각하는, 내게 불어 닥친 고난을 극복하는
방법을 나눠 보려고 합니다. 지금 고난의 한가운데서 힘들어하
는 친구가 있다면 이 글을 읽으며 힘을 얻으면 좋겠고, 주변에
고난 가운데 있는 친구가 있다면 이 글을 읽고 위로해 주면 좋
겠고, 이미 고난을 극복한 친구들이 있다면 여러분만의 방법을
제게도 알려 주면 좋겠습니다.

① 내게 닥친 어려운 문제를 잘 처리할 수 있다고 믿어야 합니다.

눈앞의 상황만 보면 내 인생은 한없이 땅속으로 꺼질 수밖에 없습니다. 그렇게 상황만 바라보지 말고 하나님의 말씀을 보며 힘을 얻어야 합니다. 부정적인 생각으로는 이 어려운 고난을 이겨 낼 방법이 없습니다. 용기를 내서 아무리 어려운 고난도 하나님과 함께 잘 이겨 낼 수 있다는 믿음을 버리지 말아야 합니다.

② 상처(scar)는 별(star)이 될 수 있습니다.

상처가 언제나 불행한 것은 아닙니다. 상처를 받았을 때, 어려움이 닥쳤을 때, 어떻게 대응하느냐에 따라 인생이 확연히 달라집니다. 손가락 네 개로 피아노를 치는 희아를 아시지요? 손 없이 발만으로 운전까지 하고 살아가는 닉 부이치치를 아시나요? 희아는 "나는 손가락이 네 개 있음을 슬퍼해 본 적이 없습니다. 오히려 네 개를 주신 신께 늘 감사합니다"라는 고백을 합니다. 닉 부이치치는 "나는 두 팔이 없는 것을 슬퍼하지 않습니다. 오히려 달려갈 수 있는 발이 있어서 감사합니다"라고 고백합니다. 물론 모든 상처가 다 별이 되는 것은 아닙니다. 그러나 상처를 잘 다루면 분명 반짝이는 별이 될 수 있습니다. 영국 격언에 '상처, 별이 되다'(scar into star)라는 말이 있듯이요.

③ 문제를 해결하고 나면 더욱더 성장하게 됩니다.

어른들 말씀에 아기들은 아픈 후에 쑥 자란다고 합니다. 비온 뒤에 땅이 굳어진다고도 합니다. 바람 많은 곳의 나무가 강하게 자라듯 고난을 이겨 낸 젊은이는 더욱 성숙한 인생을 살 수 있습니다.

④ 간절히 기도해야 합니다.

기계가 고장 났을 때 빨리 AS센터를 찾아가 고장 난 부분을 수리해야 하듯, 내 인생에 고난이 찾아왔을 때도 우리를 만드신 하나님께 찾아가 원인과 해결 방법을 알려 달라고 기도해야 합니다.

'큰 상처가 큰 별이 됩니다!(A big scar into big star!)

상처를, 고난을 새로운 관점으로 바라봐야 합니다. 눈을 열어 나의 미래를 새롭게 바라봐야 합니다. 오늘의 현실과 오늘의 환경만 보지 말고 나를 향한 주님의 계획을 바라봐야 합니다. 포기는 당장 할 수 있습니다. 그러나 내일을 향한 계획은 하루 만에 이루어지지 않습니다. 포기는 내일 하고, 시작은 오늘부터 해야 합니다. 포기하려는 마음을 접고 새로운 출발을 하겠다고 마음먹는 그 첫걸음이 고난을 극복하는 지름길이 될 것입니다. 고난 앞에 포기하지 말고 용기 내어 다시 시작해 봅시다.

Bible Table 고린도후서 1:5

♥・・・ **개역개정성경** 그리스도의 고난이 우리에게 넘친 것같이 우리가 받는 위로도 그리스도로 말미암아 넘치는도다

♥・・・ **메시지성경** 우리가 메시아를 따르다 보면 힘겨운 시기를 많이 겪게 마련이지만, 그분께서 주시는 치유와 위로의 복된 시기에 비하면 그 시기는 아무것도 아닙니다. 우리 역시 그러한 위로를 넘치게 받고 있습니다.

| 적용하세요(느낀 점. 적용할 점. 감사 제목) |

22

좀 더
힘을 내!

어제보다 오늘 더 삶을 힘차게 살아갈 수 있다면 얼마나 좋을까요? 작년보다 올해 더 성공적으로 살 수 있다면 얼마나 좋을까요? 제가 생각하는, 힘 있게 살아가는 방법을 나눠 보려고 합니다. 어제보다 오늘 더 힘 있는 삶을 살아 봅시다.

① 감사해야 합니다.

'감사'는 힘이 있습니다. 감사는 미래를 살찌게 합니다. '감사합니다'라는 말은 사람의 마음을 움직이는 힘이 있습니다. 내 마음속의 감사는 행복으로 가는 지름길이 될 것입니다. 지금 바로 감사할 일을 찾아 감사를 표현해 보세요. 내 조급하고 불안한 성격이 낙천적으로 변해 갈 것입니다. 나도 모르게 유머러스해질 것입니다. 스트레스에 강해질 것입니다. 잠을 푹 잘 수 있고, 건강도 회복될 것입니다. 공부도 훨씬 체계적으로 잘될 것입니다.

빈 공책 앞에 '감사 노트'라고 이름을 붙이고, 매일 아침저녁으로 감사할 거리를 적어 보세요. '나는 ~때문에 감사한다. 그 이유는 ~이다. 그리고 ~은 내게 가장 중요하다. 왜냐하면 ~ 때문이다.' 매일, 감사한 일을 한두 가지만 적어 보세요. 과거의 불행으로부터 탈출할 수 있을 것입니다. 감사도 하면 할수록 늘어날 것입니다. 감사도 배우고 훈련받으면 훨씬 잘할 수 있게 됩니다. 여러분에게 감사가 늘어나면 그것이 주변에 전염되어 여러분 주변도 감사가 넘치게 될 것입니다.

② 받아들이는 연습을 해 보세요.

사랑은 받아들이는 것입니다. 나 자신의 모난 성품도 받아들이고 잘난 성품도 받아들여 보세요. 나를 있는 그대로 인정해 보세요. 나를 인정하면 당당해지고, 매력이 생겨납니다. 부모님이 내 마음에 들지 않나요? 마음에 들지 않는 부모님을 있는 그대로 인정해 보세요. 부모님을 인정할수록 불안한 미래를 향한 힘이 생겨나고 오늘을 헤쳐 나갈 지혜가 솟아나는 것을 경험하게 될 것입니다. 담임선생님을 인정해 보세요. 내 힘으로 바꿀 수 없다는 것을 인정해 보세요. 그러면 오히려 담임선생님이 나를 인정하게 될 것입니다. 내 가정이 마음에 들지 않나요? 내가 집을 뛰쳐나오거나 불평한다고 해결되지 않습니다. 오히려 인정하고 받아들이고 미래를 향해 달려가는 것이 내게 도움이 됩니다. 학교 수업이 너무 힘든가요? 힘든 것을 인정해 보세요. 나만 힘든 것이 아니라 한국의 모든 십대들이 힘들어하고 있는 게 보일 겁니다. 그러기에 주저앉지 말고 받아들이고 헤쳐 나가 보세요. 이것이 나를 사랑하는 첫걸음입니다. 나를 사랑하고 받아들이면 삶에 힘이 생겨납니다.

③ 믿음을 연습해야 합니다.

믿음은 하루아침에 뚝딱 하고 생기는 것이 아닙니다. 매일 조금씩 연습하면 점점 강해지는 것입니다. 어제보다 오늘 1퍼센트만이라도 더 노력하면 어느 순간 믿음이 자라나 있는 것을 발견

하게 될 것입니다. 그러기 위해서는 지혜가 필요합니다. 노력에는 에너지가 필요하고 집중이 필요합니다. 선택하고 집중하는 훈련인 것입니다. 오늘도 모든 상황 속에서 하나님을 먼저 선택하고 사랑을 표현하고 회개의 타이밍을 놓치지 말아야 합니다. 하나님은 내가 이렇게 하나님을 선택하는 것을 기뻐하십니다. 누구나 에너지에 한계가 있습니다. 한정된 에너지를 어디에 어떻게 집중하느냐에 따라 인생이 달라집니다. 햇빛을 돋보기에 모으면 불을 낼 수 있습니다. 그러나 모으지 않으면 평범한 햇빛일 뿐입니다. 하나님께 에너지를 모아야 합니다. 그리고 집중해야 합니다. 믿음이 자라고 하나님과 동행하면 당연히 삶은 힘이 넘쳐날 것입니다.

④ 나도 변할 수 있다고 외쳐 보세요.

습관은 더 좋은 습관으로 고쳐 갈 때 큰 변화를 가져다줍니다. 오늘도 건강한 습관, 좋은 습관을 만들려고 노력해 보세요. 그러나 굳어진 나쁜 습관은 참 고치기 힘들기도 합니다. 때론 밥을 굶어 보세요. 배고픔이 새로운 습관과 용기를 갖도록 합니다. 작은 몸의 불편함이 굳어진 나쁜 습관을 바꾸는 데 특효약이 되기도 합니다. 편안함이 최고다, 안락함이 최고다, 쉬운 것이 최고다는 생각을 접고, 오히려 힘듦이 성장이고 어려움의 극복이 에너지를 만들어 내며 바른길을 걸어가는 것이 내 삶에 생명력을 더해 준다는 것을 명심하십시오. 거짓을 거짓으로 여기고, 사랑으로 새 길을 열어가 보세요. 그러면 좀 더 힘 있는 삶이 열릴 것입니다.

`Bible Table` 잠언 3:6

♥••• **개역개정성경** 너는 범사에 그를 인정하라 그리하면 네 길을 지도하시리라

♥••• **메시지성경** 무슨 일을 하든, 어디로 가든, 하나님의 음성에 귀 기울여라. 그분께서 네 길을 바르게 인도하실 것이다.

| 적용하세요(느낀 점. 적용할 점. 감사 제목) |

_____

_____

_____

23

세상을
살리는 나

세상에서 가장 신비로운 것이 무엇인지 아십니까? 세상에서 가장 정밀한 것은 무엇일까요? 바로 사람입니다. 사람의 피부는 여름에는 늘어나 땀구멍으로 노폐물과 물을 흘려보내고 겨울에는 움츠러들어 체온을 유지하는 연중무휴 오토매틱으로 움직입니다. 출장도 휴식도 없는 24시간 편의점입니다. 우리의 몸은 좁고 많은 혈관에 의해 움직여지고 있습니다. 그 조그마한 혈관이 하나라도 터지면 우리는 자유롭게 움직일 수 없습니다. 모세혈관을 통과하는 피의 양의 많고 적음이 뇌성마비로 이어질 정도입니다. 그런데 이 신비롭고 정

밀한 육체가 영혼 분야(정신 분야)를 제외하고 육신의 값만을 따
진다면 과연 얼마나 될까요?

뉴욕의 생화학자인 돌프 M. 바인드 박사에 의하면 다음과 같
습니다.

한 컵의 설탕
성냥 한 통의 인
큰 대못 하나의 철
세숫비누 5장
약 1봉지 정도의 마그네슘
조그마한 새장 하나 청소할 석회
어린이 장난감 대포 쏠 만큼의 칼륨

그러나 한 사람의 값어치는 이렇게만 평가할
수 없습니다. 우리에게는 영혼(인격)이란 것이 있기 때문입
니다. 사람은 누구나 장단점이 있기 마련이지만 사람의 인격 속
에 있는 장점을 잘 사용하기만 한다면 여러분은 이 세상을 변화

시킬 값어치 있는 사람이 될 것입니다.

　세계적으로 유명한 배우 찰리 채플린이 처음으로 영화에 출연했을 때, 감독은 다른 유명 인기배우를 흉내 내라고 했습니다. 하지만 채플린은 어느 누구도 흉내 내지 않았습니다. 피나는 노력 끝에 채플린만의 독창적인 연기를 연습하고 개발하여 당당히 일인자가 되었습니다. 그의 독특한 작품들은 아직까지도 명작으로 남아 있습니다. 세계 수많은 나라의 사람들이 그를 따라하고 있습니다.

　카스 다레는 가수를 지망하는, 전차 차장이었습니다. 그녀는 입이 큰데다가 덧니까지 있어 항상 외모에 불만을 품었고, 불안해하곤 했습니다. 뉴저지 주의 한 나이트클럽에서 처음으로 노래를 부를 때, 그녀는 튀어나온 앞니를 가리려고 애를 썼습니다. 손님들에게 매혹적인 모습을 보이고 싶었지만, 역시 무리였습니다. 그런데 그녀의 재능을 알아본 한 남자가 그녀에게 이렇게 충고를 했습니다.

　"당신의 노래는 참으로 아름답습니다. 그런데 왜 그렇게 불안해하는 거죠? 앞니가 그렇게도 마음에 걸리나요?" 카스 다레가 난처해했지만 그는 계속해서 이야기했습니다. "덧니는 당신의 죄가 아닙니다. 조금도 감출 필요가 없습니다. 마음껏 입을 벌려 노래를 하세요. 사람들은 두려움 없이 확신에 찬 당신의 노래를 듣고 싶어 합니다. 어쩌면 그 덧니가 당신을 성공시킬지도 모릅니다." 이 말에 용기를 얻은 카스 다레는 그 후 입을 크게 벌려 노래했고 확신에 찬 모습에 청중들은 열광했습니다. 그 뒤로 그녀가 감추고 싶어 하는 덧니를 흉내 내는 코미디언이 등장하여 최고의 인기를 끌기도 했습니다.

하나님은 나를 가장 신비롭고 정밀하게 만들어 놓으셨습니다. 하나님의 형상을 닮게 만들었습니다. 사람들은 나를 육체만으로 평가하여 만 원도 되지 않는 값어치의 사람으로, 큰 대못 하나의 철 성분을 가진 사람으로밖에 볼 줄 모릅니다. 그러나 하나님은 여러분을 세상을 변화시킬 사람으로 보고 계십니다.

자신의 단점이나 약점에 묻히지 말고 내 속에 있는 장점을 바라보세요. 그리고 나를 통해서 이 세상을 변화시키시기를 기대하는 하나님의 모습을 바라보세요.

십대는 무궁한 잠재력이 있는 세대입니다.

그런 십대가 바로 나 자신입니다.

Bible Table 마태복음 5:13

♥⋅⋅⋅ **개역개정성경** 너희는 세상의 소금이니 소금이 만일 그 맛을 잃으면 무엇으로 짜게 하리요 후에는 아무 쓸 데 없어 다만 밖에 버려져 사람에게 밟힐 뿐이니라

♥⋅⋅⋅ **메시지성경** 너희가 여기 있는 이유를 말해 주겠다. 너희는 소금을 쳐서 이 땅에 하나님 맛을 드러내라고 여기 있는 것이다. 너희가 짠맛을 잃으면, 사람들이 어떻게 경건의 맛을 알겠느냐? 너희가 쓸모없어지면 결국 쓰레기통에 버려질 것이다.

| **적용하세요**(느낀 점. 적용할 점. 감사 제목) |

24

몰입하고
땀 흘리며

　　어느 작은 나라에 성공을 갈망하
는 한 청년이 살고 있었습니다. 어느 날 청년은 그 나라의 임금
님을 찾아가 성공의 비결을 물었습니다. 왕은 아무 말 없이 빈
컵에 물을 가득 채운 다음 청년에게 건네주고는, 큰 소리로 한
장군을 불러 말했습니다.

　　"이 청년이 물컵을 들고 시내를 한 바퀴 도는 동안 칼을 빼어
들고 그를 따라가라! 만약 이 청년이 물 한 방울이라도 엎지르
면 즉시 목을 내리쳐라!"

　　청년은 몹시 당황스러웠지만 왕의 명령이기에 그대로 따랐

127 ...

습니다. 물 한 방울이라도 떨어뜨릴까 봐 잔뜩 긴장해 비지땀을 흘리며 조심조심 시내를 한 바퀴 돌았습니다. 도착하자 왕은 청년에게 물었습니다.

"시내를 돌아보는 동안 무엇이 가장 흥미로웠고 너의 관심을 끌었느냐? 그리고 무슨 소리가 들렸느냐?"

"아무것도 보지 못했고 들리지도 않았습니다."

"시내에 그렇게 볼 것이 없더냐? 얼마나 볼 것이 많고 들을 것이 많은데!"

칼을 들고 따라간 장수에게 물었습니다.

"정말 볼 것이 없더냐?"

"아닙니다. 흥미롭고 재미있는 것이 많았습니다."

그때 청년은 깨달았습니다. 물을 한 방울이라도 쏟으면 목숨을 잃는다는 생각에 정신을 집중한 나머지 아무것도 보이지도 들리지도 않았던 것입니다.

그때 왕이 청년에게 말했습니다.

"이것이 바로 성공의 비결이니라."

십대 여러분, 내가 하고 있는 일에 집중하며 땀 흘리고 있나요? 땀을 흘리는 만큼 집중했다는 것은 그 일에 몰입했다는 증거이고, 그 증거는 나를 성공하게 만들 것입니다. 이 세상은 유혹도 많고 하고 싶은 일도 많고 해야 할 일도 많습니다. 조금만 공부해도, 게임도 하고 싶고, 스마트폰도 보고 싶고, 카톡에 페북에 인스타그램에 궁금한 것투성이입니다. 먹고 싶은 것도 많고 듣고 싶은 음악도 많고…. 그런데 여러분, 이 모든 것에서 벗어나 내 갈 길을 가고 싶다는 생각을 해 보셨나요? 이리저리 휘둘리지 않고 내 길을 찾고 싶다는 생각 말이에요.

그렇다면 여기 방법이 있습니다. 그것은 바로 한곳에 몰입하는 것입니다. 한 방울의 물을 흘려도 목숨이 위험하다고 생각하여 집중한 것처럼 나도 오늘 주어진 내 일에 몰입하는 것입니다. 이 몰입의 증거는 땀을 흘리는 것입니다. 그런데 우리는 내가 할 일을 남이 해 주길 바랍니다. 내가 땀을 흘리는 것이 아니라 남을 땀 흘리게 합니다. 나 때문에 부모님을 땀 흘리게 만들고 선생님을 땀 흘리게 만듭니다.

차들이 북적이는 도심 한복판에서 한 여성이 운전을 하다가 시동을 꺼뜨리고 말았습니다. 다시 출발하려고 열심히 차 키를

움직여 보았지만 식은땀만 날 뿐 시동은 걸리지 않았습니다. 그녀의 차 뒤에서 성질 급한 차들이 계속 경적을 울려 댔습니다. 미안하기도 하고 화가 나기도 했습니다. 자신의 힘으로 어찌할 수 없는 차에서 내려 뒷 차 쪽으로 걸어갔습니다. 그러고는 이렇게 말했습니다.

"정말 죄송합니다. 시동이 걸리지 않아서 그러는데 좀 도와주실 수 있으세요? 아저씨는 운전 경험이 많으니까 충분히 잘하실 수 있을 거예요. 그 대신 제가 당신의 차에서 경적을 누르고 있을게요."

혹시 나도 이러고 싶지 않습니까? 나 혼자만 열심히 노력하고 있는 것 같습니다. 나도 인정받고 싶고 좋은 성적 받아서 부모님께 당당하게 성적표를 내밀고 싶습니다. 그런데 혼자서만 이런 고민을 하며 비지땀을 흘리고 있는 것 같습니다.

"엄마아빠, 제가 대신 잔소리를 할 테니 엄마아빠가 한번 공부해 보시죠!"

이렇게 말하고 싶은 적이 한두 번이 아니지요? 그렇지만 내 인생은 내가 땀을 흘려야 미래가 있고 성공이 있습니다. 엄마아빠한테 불만도 있겠지만 내 인생은 내가 얼마나 몰입하느냐에 따라 달라집니다.

  다시 한 번 땀을 흘려 봅시다. 몰입의 증거로!!

Bible Table **여호수아 1:9**

♥••• **개역개정성경** 내가 네게 명령한 것이 아니냐 강하고 담대하라 두려워하지 말며 놀라지 말라 네가 어디로 가든지 네 하나님 여호와가 너와 함께하느니라 하시니라

♥••• **메시지성경** 내가 네게 명령하지 않았느냐? 힘을 내어라! 용기를 내어라! 겁내지 마라. 낙심하지 마라. 하나님 네 하나님이 네가 내딛는 모든 걸음마다 함께할 것이다.

| 적용하세요(느낀 점. 적용할 점. 감사 제목) |

_____

_____

_____

25 습관의 힘

누구나 좋은 습관을 가지려 합니다. '내일부터는 일찍 일어나야지'라고 마음먹지만 번번이 작심삼일이 되어 버립니다. 인생은 80퍼센트가 습관으로 이루어진다고 해도 과언이 아닐 것입니다. 좋은 습관은 인생을 성공으로 이르게 하는 지름길입니다. 그래서 저는 감히 습관의 힘이 운명을 결정짓는다고 주장합니다. 여러분은 좋은 습관을 훈련하기 위해 시간과 노력을 얼마나 투자하고 있는지요? 어떻게 하면 좋은 습관을 기르고 훈련할 수 있는지 몇 가지 소개하겠습니다.

① 습관은 인생의 혁명

운명을 바꾸고 싶은가요? 그렇다면 좋은 습관, 생산적인 습관을 가져야 합니다. 좋은 습관을 갖기 위해서는 어떻게 해야 할까요? 먼저 나만의 행동 지침서를 만들어야 합니다. 행동 지침서를 만들기 전에 자신이 어떤 습관을 갖고 있는지 먼저 점검해 보아야 합니다. 그리고 어떤 습관을 갖고 싶은지 적어 보아야 합니다. 이 행동 지침서를 만들어 매일 들고 다니면서 점검하기를 반복하다 보면 나도 모르게 좋은 습관이 내 몸에 깃들게 될 것입니다.

② 나만의 목표와 슬로건

행동 지침서에 나만의 목표와 슬로건을 만들어 크게 적어 보세요. 그리고 매일 아침 소리 내어 외쳐 봅니다. "약속은 무조건 지킨다." "매일 건강을 위해 30분 운동한다." "나의 꿈은 ○○○이다." 이렇게 나만의 목표와 슬로건을 정하고 자신의 꿈을 외치며 살아가면 그것이 좋은 에너지를 주어 나를 변화시킬 것입니다. 나의 생활을 바꾸고 나를 변화시키는 좋은 습관은 누가 만들어 주는 것이 아닌 내가 만들어 가는 것입니다.

③ 좋은 관점으로 바라보는 힘

어제와 다른 나는 어떻게 만들어질까요? 사람을 보거나 사건을 보는 '눈이 바뀌는 것'입니다. 좋은 관점으로 바라보는 것입니다. 입장을 바꾸어 생각하는 것입니다. 내가 원하는 것만 요구하는 것이 아닌, 상대가 원하는 것을 보고 생각을 바꾸어 가는 것. 나의 힘든 환경을 부모님이 바꾸어 주길 기대하는 것이 아닌 스스로 환경을 바꾸어 가려는 노력. 이런 관점의 변화를 통해 좋은 관점의 습관이 만들어지고, 꿈으로 향하는 지름길이 만들어지게 됩니다. 내 앞길이 막혔다고 생각되는지요? 열린 문은 언제나 있습니다. 관점을 바꾸어 바라보세요. 내가 변하면 세상도 변합니다.

④ 태도와 자세

빨리 보는 것도 중요하고 많이 보는 것도 중요하지만, 바르게 보는 태도와 자세가 가장 중요합니다. 오늘의 태도와 자세가 10년, 20년 후에 여러분이 꿈꾸는 값진 선물을 가져다 줄 것입니다. 이 순간이 어렵고 힘들다고 회피한다고 해서 결코 그 일이 사라지거나 없어지지 않습니다. 극단적으로 죽음을 선택한다고 해서 해결되는 것은 아무것도 없습니다. 오늘 나의 태도와 자세를 올바로 할 때 길이 보이고 미래가 열릴 것입니다. 중요한 것은 어떤 태도와 자세를 가질지는 나의 선택에 달려 있다는 것입니다.

⑤ 나를 변화시키는 좋은 습관 세 가지

 # 시간: 인생은 지금부터 시작입니다. 자고 일어나는 기본적인 시간 관리부터 시작해 보세요.

 # 꿈: 내 꿈은 내가 관리해야 합니다. 승자가 될지 패자가 될지는 앞서 이야기한 행동 지침서에 자신의 꿈에 대한 목표를 적어 나가는 것부터입니다. 이것은 내 꿈을 나 스스로 관리하는 습관을 갖게 할 것입니다. 내가 하고 싶은 것들을 적어 보세요. 어떻게 그것들을 해 나가야 될지도 적어 보세요. 꿈을 관리하며 한 걸음 더 꿈에 가까이 가 보세요.

 # 에너지: 십대는 에너지가 넘칠 때입니다. 그래서 이곳저곳 에너지를 사용합니다. 그러나 꼭 필요한 곳에 선택과 집중을 해야 합니다. 그래야 에너지가 계속 넘쳐납니다. 내 영혼과 육체를 다치게 하거나 메마르게 하는 곳에 에너지를 쓰다 보면 빨리 지

치고 의욕이 상실됩니다. 하나님께 기도하며 시간을 잘 활용하고 꿈에 가까워지는 곳에 선택과 집중을 해 에너지를 사용해야 합니다.

Bible Table 잠언 10:4

♥°°° **개역개정성경** 손을 게으르게 놀리는 자는 가난하게 되고 손이 부지런한 자는 부하게 되느니라

♥°°° **메시지성경** 게으르면 가난해지고 부지런하면 부유해진다.

| 적용하세요(느낀 점, 적용할 점, 감사 제목) |

26

머니, 머니, 머니

요즘 우리가 살아가는 세상은 온통 돈 때문에 난리입니다. 집에서도, 사회에서도, 텔레비전에서도, 스마트폰에서도, 나 자신도 돈 때문에 난리입니다. 그만큼 돈이 대단한 권세를 가지고 있기 때문일 것입니다. 돈 때문에 정신을 잃은 사람이 얼마나 많은지요. 그런데도 사람들은 여전히 돈을 원합니다. 돈을 많이 벌고 싶지 않은 사람은 이 땅에 아무도 없는 것 같습니다. 물질의 여유가 없으면 이상하게 마음의 여유도 없는 듯합니다. 아니, 모든 것에 여유가 없는 것 같고 힘도 없는 것 같습니다. 세상이 왜 이렇게 되었을까요? 정말 돈이면 다 되는 것일까요? 돈에 대해 몇 가지 생각을 해 보면 좋겠습니다.

① 돈에 대한 착각

'돈이 많으면 더 큰 만족과 행복을 얻을 수 있을 거야.'

'돈이 있어야 중요하고 훌륭한 사람이 될 수 있어.'

'돈이 많아야 안식할 수 있어.'

모두 이런 생각을 하고 있는 것은 아닌지요. 사람들은 불편하지 않은 것을 평안하다고 생각하는 것 같습니다. 그러나 불편하지 않은 것, 편리하다는 것은 게으른 습관을 가져다 줄 뿐 참 평안을 가져다줄 수는 없습니다. 누군가 "돈이 없는 것은 불편한 것이지 불행한 것이 아니다"라고 했습니다. 편리할 수는 있지만 평안을 가져다줄 수 없는 것이 돈입니다. 인간을 위대하게 만드는 것은 편리하고 편안한 것이 아닌 역경과 고난입니다. 거친 파도 속에서 위대한 항해사가 탄생합니다. 하루살이처럼 오늘 하루 편안하게 살고 싶다면 어려운 환경을 견딜 이유는 없습니다. 그러나 독수리처럼 높이 날고 넓은 세계를 보는 삶을 살고 싶다면 돈에 대한 착각에서 벗어나야 합니다. 오히려 고난의 환경 속에서 다듬어지고 강해지는 훈련을 받아야 합니다.

② 돈에 대한 진실

돈은 우리에게 책임을 요구합니다. 돈이 우리에게 가져다주는 것은 무엇일까요? 더 큰 일과 더 큰 책임을 요구한다고 생각합니다. 책임질 수 없는 사람이 돈을 가지면 그것으로 죄를 범하고 결국은 망하게 됩니다.

돈은 우리에게 냉정하게 책임을 요구합니다. 돈은 우리에게 더 큰 걱정을 가져다줍니다. 세상에서 가장 부유했던 솔로몬은 "노동자는 먹는 것이 많든지 적든지 잠을 달게 자거니와 부자는 그 부요함 때문에 자지 못하느니라"(전5:12)라고 말했습니다. 물질의 풍요가 내 마음에 안식을 제공할 것이라는 것은 나의 착각입니다.

돈을 잃으면 우리에게 더 큰 아픔이 찾아옵니다. 적은 돈을 잃으면 큰 문제가 생기지 않지만, 큰돈을 잃게 되면 인생을 포기하고, 낙망의 길, 폐인의 길, 죽음의 길로 들어섭니다. 돌고 도는 것이 돈입니다. 돈은 머물러 있지 않고 끊임없이 움직입니다. 돈은 있다가도 없고 없다가도 생깁니다. 그렇기 때문에 미래에 언

젠가 한번, 분명히 돈을 잃는 경험을 하게 될 것입니다.

하지만 우리가 돈을 잃었을 때 어떤 태도를 취하느냐가 중요합니다. 돈을 모아 잃어버릴 것을 염려할 일이 아니라 가치 있게 모아 가치 있게 쓰는 훈련을 해야 합니다. 그것이 내가 참된 그리스도인이라는 증거가 될 것입니다.

③ 돈으로부터 오는 유혹

돈은 빚의 유혹을 가져옵니다. 빌려서라도 쓰고 싶습니다. 돈을 빌리면 돈의 지배를 받게 되고 노예가 되어 갑니다. 돈을 빌리면 마음이 점점 약해집니다. 그러나 위기는 곧 기회입니다. 인생이 편안하고 모든 것이 잘 풀릴 때는 어렵고 중요한 문제들에 대해 질문하지 않게 됩니다. 인생에 고난이 없다면 인간은 참으로 교만해질 것입니다. 하나님이 나의 삶을 흔들어 놓을 때가 바로 생각할 시간을 주신 때입니다. 그 시간에 우리는 나 자신을 잘 돌아보아야 합니다. 어려움이 올 때 하나님은 우리에게 변화와 기도를 요구하십니다. 변화를 간구하며 기도하기 바랍니다.

돈은 과대광고로 유혹합니다. 광고는 우리를 물건을 사게 만듭니다. 또한 불만족하다고 생각하게 합니다. 광고는 나의 필요

를 넘어 더 나은 것을 갖고 싶게 유혹합니다. 눈과 귀를 자극합니다. 다른 사람들과 비교시키며 유혹합니다. 그러니 우리는 적은 돈으로 만족할 수 있어야 합니다. 광고는 우리 주머니의 돈을 언제나 유혹하기 때문입니다.

돈은 충동구매를 하게끔 유혹합니다. 돈으로 더 비싼 침대를 살 수는 있을지 모르지만 편안한 잠자리를 살 수는 없습니다. 그러나 광고 속 모델들은 행복한 표정을 지으며 무엇이든 다 살 수 있다고 유혹합니다. 모바일 쇼핑으로 홈쇼핑으로 마트의 땡처리로, 끊임없이 충동구매를 하게끔 우리를 유혹합니다. 무언가 사지 않으면 불안해지게 만듭니다. 삶이 어지러워지고 머릿속이 복잡해지게 합니다. 불안하고 부끄럽고 부럽게 만듭니다.

④ 돈에 대한 건강한 원리

첫째, 물건을 살 때는 이것이 '충동구매'인지 생각해 봅니다. 꼭 필요한 물건인지 세 번만 생각해 보세요. 둘째, 나만의 효과적인 구입 방법을 적어 봅니다. 셋째, 구입 전에 필요한 물건 목록을 적어 보고 가격을 따져 총액을 알아봅니다. 넷째, 꾸준히 계속 연습해야 합니다. 성공의 비결은 인내를 가지고 계속하는 것입니다.

문제가 있으면 해답도 있습니다. 문제는 풀라고 준 것입니다. 해답을 찾을 때 "왜"라고 묻지 말고 "어떻게"라고 질문을 하면 해결책을 찾게 됩니다. 문제를 해결해야겠다는 강력한 열망이 있을 때 문제는 풀리기 시작합니다.

Bible Table 잠언 11:28

♥ ∘∘∘ **개역개정성경** 자기의 재물을 의지하는 자는 패망하려니와 의인은 푸른 잎사귀 같아서 번성하리라

♥ ∘∘∘ **메시지성경** 재산에 목매는 삶은 죽은 나뭇등걸과 같고 하나님 닮은 삶은 무성한 나무와 같다.

| 적용하세요(느낀 점. 적용할 점. 감사 제목) |

03

모두가
싫어하는 것
같은 나

27

날 화나게
하는 말

"너 아직도 그 녀석들과 어울려 다니니?"
"넌 왜 늘 늦게 들어오니?"
                          엄마와 아빠의 화살 같은 말은 늘
내 마음을 상하게 하고 나의 감정을 폭발시킵니다.

"그런 건 누구나 할 수 있어."
"네가 무얼 한다고. 당장 그만둬!"
"네까짓 게 뭘 한다고!"
부모님의 송곳 같은 말에 기가 죽고 스스로 포기하게 됩니다.

"애, 옆집 사는 영진이를 보렴. 공부도 잘하고, 깨우지 않아도 일찍 일어난다더라. 그런데 넌 어쩜 애가 그러니?"

부모님의 비교하는 말에 아무것도 하기 싫어집니다.

"그래, 됐고, 넌 항상 그렇잖아."

부모님이 미리 짐작하고 내 마음을 이미 다 안다는 말에 한없이 무시당하는 기분입니다.

"넌 하루 종일 스마트폰만 보니. 스마트폰 속에 들어가 살아라!"

"내가 너 때문에 못 살아."

부모님의 짜증 섞인 말은 우리를 더욱 짜증 나게 만듭니다.

사랑하는 엄마, 아빠!

우리는 아직 여리고 어린 마음이라 부모님께서 대수롭지 않게 하는 말에도 쉽게 상처를 입고 마음문을 닫아 버려요. 공부에 시달리고, 학교생활에 지친, 어리고 여린 우리의 마음을 너그럽고 넓고 깊은 사랑의 말로 감

싸 주시면 안 될까요?

Bible Table 에베소서 6:4

♥°°° **개역개정성경** 또 아비들아 너희 자녀를 노엽게 하지 말고 오직 주의 교훈과 훈계로 양육하라

♥°°° **메시지성경** 아버지 여러분, 자녀를 호되게 꾸짖어 노엽게 만들지 마십시오. 주님의 방법으로 그들을 돌보고 이끄십시오.

┃**적용하세요**(느낀 점. 적용할 점. 감사 제목)┃

28

'와' 그리고
'과'

친구와 친구, 사람과 사람은 무엇
으로 연결되어 있을까요? '와'와 '과'로 연결되어 있습니다. 바로
이 '와'와 '과'를 '관계'라고 합니다. 그런데 요즘 이 관계 때문에 힘
들어하는 사람들이 너무 많습니다. "너무 외로워요." "죽고 싶어
요." "폭발할 것 같아요." 이 모든 것이 관계의 단절 때문입니다. 십
대들이 미래를 향하여 꿈을 꾸어야 할 때 오히려 절망하고, 스스
로 목숨까지 끊는 이유는 무엇일까요? 바로 관계의 결핍 때
문입니다. 이 관계만 회복되면 행복이 찾아옵니다.
그래서 행복으로 이끄는 네 가지 관계법을 말씀드리겠습니다.

① 과거는 잊어버리고 미래를 붙잡아야 합니다.

과거는 과거입니다. 과거에 집착하여 미래로 가지 못하면 과거는 나의 불행으로 뒤바뀝니다. 과거의 신발을 벗어야 합니다. 과거의 낡은 신발을 벗고, 미래의 새 신발을 신어야 합니다.

② 옆 사람을 잘 살펴봐야 합니다.

언제나 곁에 있으니 잘 안다고 생각하던 사람을 정작 잘 모르고 살아갈 때가 얼마나 많은지 모릅니다. 나중에야 알게 되어 '그 사람이 그런 형편이었구나!'라고 느낄 때가 얼마나 많은지요. '저 친구를 이겨야지' '저 친구를 넘어뜨려야 성공한다'라는 생각은 버려야 합니다.

우리 모두 한 가족이 아닌가요? 누구나 장점과 단점이 있습니다. 단점을 보기보다 장점을 보고 한 식구답게 서로 도우며 살아가야 합니다.

③ 주는 자가 복이 있습니다.

자기중심적인 사람은 왕따를 당할 수밖에 없습니다. 자신을 낮추고 남을 섬길 때 그곳에서 행복이 주어지고 관계의 축복으로 이어집니다. 섬기는 것이 관계의 기본이고 기초입니다. 오늘 내가 누구를 섬겨야 합니까?

④ 내가 안정감이 있어야 친구도 안정시킬 수 있습니다.

나의 정체성이 불안하면 친구를 불안하게 바라볼 수밖에 없습니다. 내 안경이 깨끗해야 정확하게 볼 수 있습니다. 내 안경은 깨끗한가요? 내 안경은 상대방의 스펙이나 능력을 보나요, 상대방의 중심과 인격을 보나요? 혹시 친구를 스펙과 능력으로만 보고 평가하지는 않는지요? 친구를 배려하는 마음으로 바라보고 있나요? 친구와 나를 유익한 방향으로 바라보고 있나요? 지금 이 시간 의지적으로 결단해 보세요. '섬기는 마음'으로 친구를 바라보기로요.

Bible Table **잠언 14:21**

♥··· **개역개정성경** 이웃을 업신여기는 자는 죄를 범하는 자요 빈곤한 자를 불쌍히 여기는 자는 복이 있는 자니라

♥··· **메시지성경** 어려움에 처한 이웃을 모른 체하는 것은 범죄행위다. 가난한 사람들을 돕는 것은 실로 복된 일이다!

29

우리
엄마

"엄마는 매일 그래!"

"엄마, 반찬이 이게 뭐야!"

"엄마, 또 잔소리야?"

어디서 많이 듣던 소리 아닌가요? 우리는 엄마를 함부로 대하기 쉽습니다. 다른 사람이 시키면 잠자코 할 일을 엄마가 시키면 거절해 버립니다. 그만큼 엄마는 우리에게 너무도 편안한 존재입니다. 그런 엄마를 마음 깊이 이해해 본 적이 있는지요? 한 해 두 해 나이를 먹어 가고 키도 크고 힘도 세지는 만큼, 우리 엄마를 한 사람의 인간으로 생각해 보면 어떨까요?

집안일 잘했다고 보너스를 받나요?

아이들 잘 키웠다고 정기 휴가를 가나요?

음식 잘 만들었다고 상을 받나요?

우리 엄마들은 보통 새벽부터 일어나 아침밥 지어서 아이들 학교 보내고 남편 직장 보내고, 집안 청소에 빨래에 매일 다람쥐 쳇바퀴 돌 듯 생활합니다. 심지어 직장 생활과 집안 살림을 함께 하며 녹초가 되어 가고 있습니다. 가족들 잘되길 바라며, 잘 입지도 먹지도 못하고 늘 주기만 하는 삶을 삽니다. 혹시 우리 엄마가 힘겨운 삶에 우울증에 빠져 있을지도 모른다는 생각을 해 봤나요? 혹 우리 엄마가 중년의 위기 속에 있지는 않습니까?

엄마의 눈도 보고 손도 만지며 건넨 따뜻한 말 한마디가 그 어떤 큰 선물보다 큰 기쁨이 될 것입니다.

"엄마, 내가 있잖아. 이 귀여운 딸이 있잖아."

"엄마, 이 대견한 아들이 있잖아요."

"조금만 기다려! 우리가 엄마의 희망이잖아요."

"엄마, 힘내세요. 저희가 있잖아요."

사랑이 가득 담긴 말 한마디가 엄마를 부자로 만들 겁니다. 우리도 엄마를 위하는 성숙한 자녀로서 다른 사람을 이해할 줄 아는 자녀가 됐으면 좋겠습니다.

Bible Table 에베소서 6:2

♥°°° **개역개정성경** 네 아버지와 어머니를 공경하라 이것은 약속이 있는 첫 계명이니

♥°°° **메시지성경** "네 아버지와 어머니를 공경하라"는 계명은 약속이 따르는 첫 계명입니다.

| 적용하세요(느낀 점, 적용할 점, 감사 제목) |

3.Ø

나를
살펴보아요

제가 학교 다닐 때의 일입니다. 선생님께서 뒤가 좀 터진 바지를 입고 오셨습니다. 선생님은 그것도 모르고 들어오자마자 "자, 오늘은 문제부터 풀어 보자!" 하며 뒤로 돌아서서 칠판에 열심히 문제를 적으셨습니다. 한 학생이 아주 작은 목소리로 "야! 저기 봐!" 하면서 키득거렸습니다. 선생님은 뒤돌아서서 "조용히 하고 문제 풀어!"라고 주의를 주시곤 다시 돌아서서 계속 문제를 적으셨습니다. 이제 웃음소리가 교실 전체에 퍼져 갔습니다. 화가 머리끝까지 오른 선생님은 돌아서서 고함을 치셨습니다. "계속 떠들고 웃는 것도 나쁘지만, 웃기는 사람은 더 나쁘다. 웃긴 사람, 누구야! 당장 이리 나와!"

　우리는 남의 단점과 허물은 잘도 보는데, 정작
자신의 허물과 단점을 잘 모르고 지내는 경우가
많습니다. 더구나 나의 생활 속에 습관적으로 물들어 버린
단점을 찾아내서 고치기란 더욱 어렵습니다. 또한 남에게 초점
을 맞추어 단점을 이야기하게 되면 자기의 단점과 허물은 더욱
보이지 않게 됩니다. 옛 속담처럼 똥 묻은 개가 겨 묻은 개에게
"너의 겨를 털어 줄게"라고 한다면, 겨 묻은 개가 겨 묻은 것을
부끄러워하며 '깨끗하게 해야지'라고 생각할까요? 남의 약한 부
분을 꼬집어 말하기 전에 자신을 살피는 성숙한 십대가 되었으
면 합니다.

Bible Table 마태복음 7:3

♥°°° **개역개정성경** 어찌하여 형제의 눈 속에 있는 티는 보고 네 눈 속에 있
는 들보는 깨닫지 못하느냐

♥°°° **메시지성경** 네 이웃의 얼굴에 묻은 얼룩은 보면서, 자칫 네 얼굴의 추
한 비웃음은 그냥 지나치기 쉽다.

31
관심은
사랑입니다

관심은 작은 씨앗과도 같습니다. 씨앗이 자라듯 작은 관심은 변화를 일으킵니다. 변화는 사랑이 깃든 관심에서 출발합니다. 큰 폭포가 작은 물에서 시작되듯 작은 물방울이 바위에 구멍을 내듯 작은 관심은 큰 기적을 이루고 닫힌 문을 엽니다.

관심은 눈길을 주는 것입니다. 정다운 눈빛으로 한곳을 응시하며 조건 없이 안아 주는 것입니다. 관심의 초점은 사랑으로 드러납니다. 태양열을 돋보기로 모으면 종이가 타는 것처럼 관심을 모으면 사랑의 불이 일어납니다. 이 시대는 사랑의 불꽃을 요구합니다. 관심과 인정을 원합니다. 누군가로부터 보살핌을 받는다는 것은 최고의 행복입니다. 식물도, 강아지와 고양이도 주인의 관심과 사랑을 받을 때 병들지 않습니다. 사람도 마찬가지입니다.

관심은 에너지를 만들어 냅니다. 에너지가 생성된 곳에서는 성장과 변화가 있습니다. 관심 속에는 생명과 변화가, 또한 미래가 있습니다. 무관심 속에는 나약과 무력함과 황폐함이 있습니다. 우리에게는 의도적인 관심이 필요합니다. 그것은 새로운 창조를 일으킵니다.

관심을 갖고 의도적으로 변화를 추구할 때 변화가 일어납니다. 관심을 갖고 싶은가요? 잠시 그 자리에서 멈춰 서 보세요. 무엇이 보이나요? 보이는 것을 다시 한 번 조용하게 응시해 보세요. 어떤 소리가 들려오나요? 너무 큰 소리도 귀에 들리지 않고 너무 작은 소리도 귀에 들리지 않습니다. 옛날의 무관심했던 그 소리가 관심 있게 들려질 때에 새로운 가능성을 발견하게 됩니다.

하나님은 소외된 사람에게 관심을 가지십니다. 나는 과연 그러한 모습을 닮아 가고 있는지, 내

관심은 어디에 있는지 생각해 보세요. 주님은 한 사람에게 집중적으로 관심을 가졌습니다. 그리고 구체적으로 자기 아들을 죽이면서까지 사랑하셨습니다.

나는 누구를 집중적으로 바라보고, 누구에게 관심을 갖고 있습니까? 그리고 구체적으로 어떻게 사랑하고 있습니까? 작은 관심이 기적을 창조해 내듯 오늘 나의 작은 관심은 가정을 변화시키고, 교실을 변화시키고, 학교를 변화시키고, 교회를 변화시킬 것입니다. 오늘도 나에게 작은 관심을 요구하는 사람이 있습니다. 주님은 그곳을 가리키며 말씀하고 있습니다. 들리시나요?

왕따 당하여 혼자 외로워하고 고독해하는 친구가 떠오릅니까?

그분의 손은 그 사람을 가리키고 계십니다.

성적 때문에 비관하는 친구의 얼굴이 떠오릅니까?

그 사람을 향해 주님의 두 팔이 벌려지고 있습니다.

외모 때문에 자신을 학대하는 친구가 있습니까?

하나님은 그 사람에게 미소 지으며 다가서고 계십니다.

엄마아빠의 다툼과 갈등, 부부싸움 때문에 울고 있는 친구가 보입니까?

하나님이 그 사람을 따뜻하게 안고 계십니다. 그리고 그 가정을 사랑의 줄로 묶고 있습니다.

나의 관심이 하나님의 관심에 모아질 때, 그곳에서 바로 변화가 생깁니다. 하나님이 나에게 관심을 주셨듯이 내가 그들에게도 관심을 주기를 원하고 계십니다.

Bible Table 신명기 14:29

♥°°° **개역개정성경** 너희 중에 분깃이나 기업이 없는 레위인과 네 성중에 거류하는 객과 및 고아와 과부들이 와서 먹고 배부르게 하라 그리하면 네 하나님 여호와께서 네 손으로 하는 범사에 네게 복을 주시리라

♥°°° **메시지성경** 재산이나 유산이 없는 레위인과 여러분의 동네에 사는 외국인과 고아와 과부를 위해 그것을 비축해 두십시오. 그러면 그들이 먹을거리를 풍성히 얻게 될 것이고, 하나님 여러분의 하나님께서 여러분이 하는 모든 일에 복을 주실 것입니다.

| 적용하세요(느낀 점, 적용할 점, 감사 제목) |

32

야쿠르트
쥐!

경상도 학생과 서울 학생이 함께 자취를 했습니다. 어느 무더운 여름날, 경상도 학생은 피곤해서 먼저 잠자리에 들었고 서울 학생은 열심히 공부하고 있었습니다. 갑자기 경상도 학생이 자다가 벌떡 일어나 "야쿠르트 쥐, 야쿠르트 쥐" 합니다. 그러더니 금세 잠이 듭니다. 서울 학생은 깜짝 놀라 "뭐? 뭐?" 하고 한바탕 소란을 겪었지요. 30분쯤 지났을까요? 또다시 자리에서 벌떡 일어나는 경상도 학생. 이전과 같은 말을 반복합니다. "야쿠르트 쥐. 야쿠르트 쥐." 사태를 짐작한 서울 학생도 "그래, 야쿠르트 줄게"라며 말을 받아칩니다. 잠꼬대도 참 별나게 하는 친구라고 생각했습니다. 그런데 잠시 후 경상도 학생이 벌떡 일어나더니 "야쿠르트 주란 말이야"하며 버럭 짜증을 냅니다. 그 친구가 왜 화를 냈는지 그때 그 시절엔 몰랐습니다. 그러나 3년이 지난 후 그 이유를 알게 되었습니다. 여러분은 아십니까? 경상도 학생이 잠을 자는데 선풍기 바람이 너무 강해서 "약으로 틀어 줘"라고 외쳤던 것입니다.

우스운 이야기죠? 하지만 여러분과 부모님과의 대화가 이런 상태인 건 아닌가요? 그리고 그 이유가 '세대 차이'라고 핑계 대며 외면하고 있는 건 아닌가요? 분명 세대 차이는 존재합니다. 하지만 여러분, 아무리 세대 간의 간격이 넓다 하더라도 대화하기를 포기하지 말아야 합니다. 무슨 말을 하는지 잘 듣고 얼굴을 바라보고 내 생각을 이야기하는 사랑의 대화를 포기하지 말아야 합니다.

Bible Table 잠언 15:4

♥°°° **개역개정성경** 온순한 혀는 곧 생명 나무이지만 패역한 혀는 마음을 상하게 하느니라

♥°°° **메시지성경** 친절한 말은 상처를 낫게 하고 회복을 돕지만 잔인한 말은 마음을 난도질하고 상하게 한다.

33

십대의 성,
중독 아닐까?

성(性)과 관련된 문제는 유교적인
한국 사회에서 다루기 까다롭습니다. 그러나 십대 시절, 가장 예
민한 부분이 성 문제이기도 합니다. 특히 남자는 십대 시기에 신
체적으로 성 욕구가 충동적으로 강하게 일어납니다. 이때는 절
제력이 필요한 시기이고 여기에 맞는 교육이 이루어져야 합니
다. 그러나 입시 위주의 교육 환경에서 학생들의 성 문제에 시간
을 들여 교육하고 상담하지 못하는 것은 여전히 아쉽기만 합니
다. 사정이 이렇다 보니, 이런 교육 환경에 적응하지 못하는 많
은 십대들이 생겨나고 있습니다. 이들은 음성적으로 성에 관하

여 왜곡되게 배우거나 사회 부적응으로 인해 성 중독, 게임 중독, 술담배 중독, 인터넷 중독 경향을 보이고 있습니다.

우리가 알코올 중독을 병이라고 생각하는 것처럼 성 중독 또한 병이라고 인식해야 합니다. 그런데 대부분의 성 중독자들은 성에 대하여 편견을 가지고 있습니다. 십대들이 성 충동에 사로잡혀 자기도 모르게 사건을 일으킵니다. 그 후에 '내가 이래서 되는가' 하는 심한 죄의식과 수치심으로 혼란에 빠져 버립니다. 문제는 학교생활이나 사회생활 부적응 자들이 이 같은 지점에서 많이 생겨난다는 것입니다.

우리가 말하는 성 문제로는 성 도착증, 관음증, 노출증, 의상 도착증, 패티쉬, 가학성변태성욕, 피가학성변태성욕, 소아기호증 등을 들 수 있습니다. 이 중 십대들에게는 특히 소아기호증이 문제가 되는 경우가 많습니다. 소아기호증이란 13세 미만 어린이들에게 성적 흥분을 느끼는 것을 말하는데, 성인들과 정상적인 성관계를 하기 힘든 상태에서 자기 스스로 긴장감이나 공포감을 느끼는 경우에 소아기호증을 선호하게 된다고 합니다. 노인, 병약한 자, 성 중독자, 성에 왜곡된 인식을 가진 자, 사회 부적응자 등이 성행위에 자신이 없을 때 13세 미만의 어린이들에게 성적

흥분을 느끼고 문제를 일으키는 경우라고 보시면 됩니다.

Bible Table 창세기 2:23-25

♥°°° **개역개정성경** 아담이 이르되 이는 내 뼈 중의 뼈요 살 중의 살이라 이 것을 남자에게서 취하였은즉 여자라 부르리라 하니라 이러므로 남자가 부모 를 떠나 그의 아내와 합하여 둘이 한 몸을 이룰지로다 아담과 그의 아내 두 사람이 벌거벗었으나 부끄러워하지 아니하니라

♥°°° **메시지성경** 남자가 말했다. "드디어 나타났구나! 내 뼈 중의 뼈, 내 살 중의 살! 남자에게서 나왔으니 여자라고 부르리라." 그러므로 남자는 부모를 떠나, 아내를 품에 안고 한 몸이 된다. 남자와 그의 아내는 둘 다 벌거벗었으 나 부끄러워하지 않았다.

| 적용하세요(느낀 점. 적용할 점. 감사 제목) |

• 상담을 원하면, 한국청소년상담복지개발원(www.kyci.or.kr) 또는
  십대의벗(www.octm1318.org)을 방문하세요.

34

중독인가?
충동인가?

어떤 정신과 전문의들은 중독이란 말은 지나치고 충동이란 말이 이 시대의 표현으로 옳다고 주장합니다. 그렇다면 '중독'과 '충동'의 차이점은 무엇일까요? '충동'은 하나의 습관으로 그 행동을 고칠 수 있는 것을 말합니다. 그러나 '중독'은 평생토록 남아 있으며 평생토록 고민해야 하는 과제가 되는 것입니다.

대체로 십대들의 탈선행위는 충동적인 행위라고 보지만, 몇 년이 지난 후에도 마음에 혼란을 겪으며 정신적인 문제 등 똑같은 문제를 되풀이하게 될 때 중독성 기질로 여기게 됩니다. 성 충동이 성 중독으로 바뀌게 되는 것이지요. 알코올 중독자들이 평생 술과 싸워야 하는 것처럼 성에 관해 왜곡되게 배우게 되면 평생 성 문제와 싸우게 되는데, 이것이 바로 '성 중독'입니다.

중독인가? 정신병인가?

중독행위를 보고 정신병이나, 반사회적 행위로 진단하는 경우가 많습니다. 정신병적 행동과 다른 행동의 주된 차이점은 정신병자들은 양심의 가책 없이 행동한다는 것입니다. 그들은 죄의식이나 양심이라는 것을 인식하지 못합니다. 처음에는 자기 행위를 중독적인 기질로 여기고 조절할 수 있지만, 여기서 중독 사이클 양식(이에 대해서는 174쪽 "중독의 사이클"을 보세요)이 나타나지 않으면 이는 정신병으로 보아야 합니다.

중독은 어떻게 발전하는가?

성에 대한 인식이나 접근이 처음부터 중독으로 시작하는 십대들은 없습니다. 그러나 십대들이 너무 일찍이 성에 무방비로 노출되어 있다는 것이 한국 사회의 문제입니다. 그중 대표적인 예가 성 학대입니다. 성 중독에서 가장 높은 비율을 차지하는 것은 바로 어린이들에 대한 성 학대입니다. 이런 피해자들은 성인이 되기도 전에 신경증에 걸리고 맙니다. 십대들이 성장 과정에서 또래의 동성이나 이성에 호기심을 갖는 것은 자연스러운 일입니다. 그러나 이러한 순수한 호기심과는 달리 신체 노출, 성 학대, 중독적 사건들로 성욕을 자극함으로 순결을 잃거나 성에 대한 호기심을 잘못 다루면, 나중에 나이와 상관없이 중독성이 나타나게 됩니다.

많은 십대들이 정상적이기보다는 비정상적인 방법, 즉 훔쳐 보거나 다양한 매체에 노출된 포르노 등을 통해 성에 대해 간접 경험을 합니다. 문제는 이들이 자기 스스로 수치스럽고 죄를 지었다고 여기면서, 극단적으로는 자기 본성이 원래 악하다고 생각하고 이것을 증명하기 위해 행동하려 한다는 것입니다. 이런 이유로 성적 기구에 호기심을 보이고 나체에 관심을 보이거나 혼외정사 등 스스로 습관적인 충동에서 중독으로 서서히 발전하게 됩니다.

♥°°° **개역개정성경** 아담이 이르되 이는 내 뼈 중의 뼈요 살 중의 살이라 이것을 남자에게서 취하였은즉 여자라 부르리라 하니라 이러므로 남자가 부모를 떠나 그의 아내와 합하여 둘이 한 몸을 이룰지로다 아담과 그의 아내 두 사람이 벌거벗었으나 부끄러워하지 아니하니라

♥°°° **메시지성경** 남자가 말했다. "드디어 나타났구나! 내 뼈 중의 뼈, 내 살 중의 살! 남자에게서 나왔으니 여자라고 부르리라." 그러므로 남자는 부모를 떠나, 아내를 품에 안고 한 몸이 된다. 남자와 그의 아내는 둘 다 벌거벗었으나 부끄러워하지 않았다.

| 적용하세요(느낀 점, 적용할 점, 감사 제목) |

35

중독의
사이클

① 중독의 출발

십대들은 갑작스럽게 문제가 생겼을 때, 시험을 치르고 난 후, 이성 친구와 헤어진 후, 성적이 떨어졌거나 가정 문제 등 자기 마음이 혼란스러울 때, 성을 통해 해결하려는 경향이 있습니다. 상처, 외로움, 강압, 압박으로 인한 기분을 바꾸는 데 성을 도구로 삼으려는 경향을 보입니다.

② 중독의 사이클

우연히 여자의 블라우스 속을 보게 되거나 짧은 치마 속, 스타킹 등을 보고 흥분을 느끼는 등 사소한 일에서 이 사이클이 시작됩니다.

 # 집중: 다시 한 번 더 그 여자의 옷 속을 훔쳐보고 싶어서 자기의 모든 수단을 동원하려 하고 거기에 집중하며 몰두하려 합니다.

 # 습관: 계속되는 행동이 습관 단계에 들어서면서 비슷한 행위가 반복적으로 나타납니다. 성적 행동은 그 행동이 습관적이냐 아니냐에 따라 달라지는데, 습관은 이를 중독으로 몰고 갑니다. 중독은 계속적으로 더 심각해지며 다른 생각은 다 잊게 만듭니다. 이러한 중독 상황은 자위행위를 하다가 또는 포르노를 보다가 누구에게 들켜서 창피를 당하거나 절제, 구속당하는 것보다 더 위험한 행동입니다.

 # 중독: 성 충동 행위를 이 단계에서 어떻게 진행시키느냐 하는 것은 중요한 문제입니다. 성 중독은 아무런 육체관계 없이 나타날 수 있습니다. 이것은 환상(공상)이나 야한 동영상 등을 통해서, 또는 다른 사람의 스트립쇼를 보거나 정상적인 행위를 벗어나는 관음증, 노출증, 강간, 아동학대 등으로 나타납니다.

 # 절망: 일단 중독은 본인의 충동을 충족시키는 것 외에 스스

로 실망스러움을 피할 수 없게 됩니다. 잠깐 위안과 안심을 얻는 것에서 스스로가 싫어지기도 하지만 다시 중독 사이클을 되풀이하게 됩니다.

종교를 가진 사람들 또한 이런 중독 상황에서 열심히 기도하고 회개하지만, 이내 다시 중독 사이클을 반복하게 되는 경우가 많습니다. 일반적으로 성 중독은 가정에서부터 시작되는 경우가 많습니다. 성 중독자들은 흔히 성을 반대하는 너무 엄격한 가정이나, 반대로 성에 대해 적절한 통제 없이 자유방임적인 가정에서 자라는 경우에 많이 발견됩니다. 많은 중독자들이 무엇이 옳고 그른지에 대하여 판단이 분명히 서지 않아서 혼란을 겪고 수치를 느끼게 되는데, 특히 사춘기에 이것 때문에 갈등을 많이 겪게 됩니다. 또 집안에 중독자가 있을 경우, 부모가 일중독, 알코올 중독, 드라마 중독 등 어떤 분야에서 중독 성향을 보이는 경우, 자녀들은 성 중독으로 흘러가는 경우가 많습니다.

끊이지 않는 중독 전염은 종교에서도 나타납니다. 처음 도움을 청할 때조차 하나님을 친구로 보지 않고 적대자로 봅니다. 기

도를 해결책이 아니라 죄의식의 근원으로 생각합니다. 말씀을 소망과 위로를 주는 것으로 보지 않고 자기를 가치 없다고 평가하는 판단 도구로 받아들입니다. 성령님을 평안한 경험을 주는 분이 아니라 내부 고발자가 되어 자신을 구제불능의 죄인으로 확신시키는 분으로 인식합니다. 가장 큰 문제는 무엇일까요? 중독자가 치료 과정에서조차 자신을 믿음으로 바라보지 않는다는 것입니다.

Bible Table 창세기 2:23-25

♥••• **개역개정성경** 아담이 이르되 이는 내 뼈 중의 뼈요 살 중의 살이라 이것을 남자에게서 취하였은즉 여자라 부르리라 하니라 이러므로 남자가 부모를 떠나 그의 아내와 합하여 둘이 한 몸을 이룰지로다 아담과 그의 아내 두 사람이 벌거벗었으나 부끄러워하지 아니하니라

♥••• **메시지성경** 남자가 말했다. "드디어 나타났구나! 내 뼈 중의 뼈, 내 살 중의 살! 남자에게서 나왔으니 여자라고 부르리라." 그러므로 남자는 부모를 떠나, 아내를 품에 안고 한 몸이 된다. 남자와 그의 아내는 둘 다 벌거벗었으나 부끄러워하지 않았다.

| 적용하세요(느낀 점, 적용할 점, 감사 제목) |

36

십대의
성 1

"결혼 전에 벌써 임신 삼 개월이래."
"그래? 나만 몰랐구나. 그런데 그게 어때서?"

십대 사역 30년째입니다. 30년 전
의 십대들과 지금의 십대들을 비교하면 변해도 너~~무 많이 변
했습니다. 그중에서도 특히 '성'을 바라보는 가치관은 하늘과 땅
처럼 큰 차이가 납니다. 아니, 무척 혼란스럽습니다. 다른 문제
보다 십대들의 혼전 성관계 문제를 직면할 때마다 낭떠러지 길
을 걷는 기분입니다. 안전지대를 정하고, 안전대를 설치해 주려

고 노력했지만, 스스로 벼랑 끝으로 떨어지고 싶어 하는 것 같아 안타까움을 느낍니다.

십대들은 왜 이렇게 위험한 길을 걸으려 할까요? 몇 가지 이유가 있습니다.

① 십대 때는 신체적 발달이 가장 왕성하기 때문입니다.

게다가 호기심도 가장 왕성합니다. 시속 100킬로미터로 달려가는 신체 발달에 성적 호기심도 110킬로미터, 120킬로미터의 속도로 달려갑니다. 속도 조절을 배우지 못하고 연습도 해 보지 못한 채 달려가기만 하는 나이입니다.

② 성을 상품화하는 주위 환경은 앞만 보고 달리는 십대들을 더욱 자극합니다.

스마트폰, 텔레비전, 영화, 책, 잡지, 인터넷은 성을 노골적으로 보편화시켜 버렸습니다. 십대들이 매일 접하는 스마트폰과 인터넷 환경에서 성적인 자극을 피한다는 것은 너무도 힘든 일입니다.

③ 넘치는 감정의 홍수에 흔들립니다.

생각보다 많은 십대들이 혼전 성관계의 유혹에 넘어집니다. 여러 가지 이유가 있지만 십대들은 감정과 이성의 절제력 훈련을 받고 있는 과정이기에 쉽게 감정에 흔들리게 됩니다.

④ 섹스와 친밀함을 혼돈합니다.

사랑한다면 몸을 허락해 달라는 이성 친구의 말에 성관계를 이성 친구와의 친밀함이라 생각해 하게 됩니다. 꼭 기억해야 합니다. 친밀함은 꼭 성관계만으로 얻어지는 것은 아닙니다. 나를 사랑한다면 오히려 결혼 전까지 순결을 지켜 달라고 요구하는 지혜가 필요합니다.

Bible Table 고린도전서 6:19-20

♥°°° **개역개정성경** 너희 몸은 너희가 하나님께로부터 받은 바 너희 가운데 계신 성령의 전인 줄을 알지 못하느냐 너희는 너희 자신의 것이 아니라 값으로 산 것이 되었으니 그런즉 너희 몸으로 하나님께 영광을 돌리라

♥°°° **메시지성경** 여러분은 여러분의 몸이, 성령께서 거하시는 거룩한 곳임을 알지 못합니까? 여러분은 하나님께서 엄청난 대가를 치르시고 사신 여러분의 몸을 함부로 굴리면서 제멋대로 살아서는 안 된다는 것을 모릅니까? 여

러분의 몸은 여러분의 영적인 부분에 속해 있는 소유물이 아닙니다. 그 모든 것의 주인은 하나님이십니다. 그러니 여러분의 몸 안에서, 여러분의 몸을 통해, 사람들이 하나님을 볼 수 있게 하십시오.

| 적용하세요(느낀 점, 적용할 점, 감사 제목) **|**

37

십대의
성 2

앞서 말씀드린 것처럼 생각보다 많은 십대들이 우발적으로 성관계를 하게 됩니다. 그러고는 스스로 상처 입고 죄책감에 빠져 남모르게 힘겨운 시간을 보냅니다. 그러면 이럴 때는 어떻게 해야 할까요?

① 이미 실수해 스스로 상처 입은 사람은 죄의 용서함을 통해 죄책감을 치유받아야 합니다.

이미 지나간 일에 대해 울고 후회하고 원망한다고 돌이킬 수 있는 문제가 아닙니다. 오히려 미래를 위하여 나를 새롭게 가다 듣고 성의 가치관을 바르게 배워 나가는 것이 도움이 됩니다. 상처 입은 십대 곁의 사람들도 중요합니다. 이미 실수한 사람을 품고 잘 도와주어야 합니다. 과거의 사건에 대하여 수군수군하고 손가락질하는 것은 한 젊은이의 인생을 망칠 수 있기에 각별히 주의해야 합니다. 우리는 모두 용서받은 죄인이라는 것을 기억해야 합니다.

② 성경적인 가치관을 잘 배워야 합니다.

하나님은 결혼한 부부의 성관계를 기뻐하신다는 것을 꼭 기억해야 합니다. 하나님은 나에게 기대감을 갖고 계십니다. 하나님은 성경의 가르침과 다른 이 시대의 문화를 따르는 성의 가치관에서 구별되라고 말씀하십니다. 하나님은 지금도 나를 믿고 계십니다. 나를 신뢰하십니다. 하나님의 기대감을 잊어버리지 말아야 합니다.

③ 기다림의 미학을 배워야 합니다.

사랑에 빠진 십대들이 기다림을 감당하기 어렵다는 걸 저도 잘 압니다. 그러나 사랑하는 관계에서 기다림은 둘이 누릴 수 있는 그 어떤 관계의 기쁨보다 더 큰 기쁨을 누리게 할 것입니다. 성관계에 모든 에너지를 쏟아붓는 것을 자제하면, 서로에 대해 다양하고 깊이 알아가는 기쁨의 에너지가 넘쳐날 것입니다.

④ 부모님과 친구에게 선포하세요.

나는 결혼 전까지 성관계를 하지 않고 순수하게 준비해 가리라고 자신에게 선포하세요. 이 말을 옆 사람에게 선포해 이런 나의 의지를 지켜 나갈 수 있도록 도와 달라고 요청해 보세요.

⑤ 공동체에 참여하세요.

성적인 순결을 지키려고 노력하다 보면 외로움을 느낄 수 있습니다. 이런 생각을 함께하는 이들과 모여 함께 기도하고 격려하며 마음을 다잡으면 도움이 될 것입니다.

Bible Table 고린도전서 6:19-20

♥··· **개역개정성경** 너희 몸은 너희가 하나님께로부터 받은 바 너희 가운데 계신 성령의 전인 줄을 알지 못하느냐 너희는 너희 자신의 것이 아니라 값으로 산 것이 되었으니 그런즉 너희 몸으로 하나님께 영광을 돌리라

♥ **메시지성경** 여러분은 여러분의 몸이, 성령께서 거하시는 거룩한 곳임을 알지 못합니까? 여러분은 하나님께서 엄청난 대가를 치르시고 사신 여러분의 몸을 함부로 굴리면서 제멋대로 살아서는 안된다는 것을 모릅니까? 여러분의 몸은 여러분의 영적인 부분에 속해 있는 소유물이 아닙니다. 그 모든 것의 주인은 하나님이십니다. 그러니 여러분의 몸 안에서, 여러분의 몸을 통해, 사람들이 하나님을 볼 수 있게 하십시오.

| 적용하세요(느낀 점, 적용할 점, 감사 제목) |

04

만일
내가
하나님이라면?

신앙의
불가사의

세계 7대 불가사의를 아십니까?

이집트 기자에 있는 쿠푸 왕의 피라미드, 메소포타미아 바빌론의 공중정원, 올림피아의 제우스상, 에페수스의 아르테미스 신전, 할리카르나소스의 마우솔로스 능묘, 로도스의 크로이소스 대거상, 알렉산드리아에 있는 파로스 등대입니다. 너무도 이상하고 신비스러운 일들입니다. 그러나 현대판 3대 불가사의에 비하면 아무것도 아니라는 생각이 듭니다. 무서운 중력으로 물질을 빨아들이고 시간과 공간마저 비껴 가는 우주 최대의 수수께끼인 블랙홀, 지나가는 배는 물론 잠수함까지도 삼키는 마의 삼각해역, 그리고 미확인 비행물체(UFO).

그런데 이보다 더 불가사의한 일이 있는데 그것은 바로 신앙의 불가사의입니다. 세계 7대 불가사의와 현대판 3대 불가사의를 만들고 있게 하신, 역사의 주관자 하나님이 여전히 살아 계신 줄 모르고 살아간다는 것, 그것이 불가사의 아닐까요?

Bible Table 사도행전 4:12

♥°°° **개역개정성경** 다른 이로써는 구원을 받을 수 없나니 천하 사람 중에 구원을 받을 만한 다른 이름을 우리에게 주신 일이 없음이라 하였더라

♥°°° **메시지성경** 구원받을 다른 길은 없습니다. 오직 예수의 이름 외에는, 구원받을 수 있는 다른 이름을 우리에게 주신 적이 없고 앞으로도 없을 것입니다.

| **적용하세요**(느낀 점, 적용할 점, 감사 제목) |

39
건망증을
퇴치하려면

　　주일 아침 일찍, 교회로 가기 위해 전철을 탔습니다. 주일 아침 한가로운 전철 안에서 청년 한 명이 열심히 책을 읽고 있었습니다. 밑줄까지 그으면서 읽는 모습에 '정말 좋은 책을 읽고 있구나' 싶었습니다. 다음 역을 알리는 안내 방송이 나오자 청년은 급히 일어나 읽던 책을 덮고 머리 위 선반에서 가방을 내려서 들고 황급히 하차했습니다. 그 청년이 앉았던 자리에 앉으려던 손님이 누구의 책이냐며 책을 집어 들어 보였는데 아무래도 그 청년이 읽고 있던 책인 듯했습니다.

　　책의 제목은 《건망증을 퇴치하려면》이었습니다. 건망증을 퇴치하는 법을 익히는 그 자리가 건망증의 시험대였던 것입니다. 이것이 나의 신앙의 모습은 아닐까 생각했습니다. 성경을 밑줄 그어 가며 읽고 묵상하며 하나님의 살아계심과 보호하심을 늘 인식하면서도, 막상 중요한 순간에는 하나님의 살아 계심과 보호하심은 잊어버리고 나 혼자의 힘만으로 그 일을 하려고 하고 있지는 않은지…. 그런 건망증에 조금만 힘들어도 포기하고 싶고, 작은 문제에도 낙망하는 것은 아닌지….

Bible Table 디모데전서 1:16

♥∘∘∘ **개역개정성경** 그러나 내가 긍휼을 입은 까닭은 예수 그리스도께서 내게 먼저 일체 오래 참으심을 보이사 후에 주를 믿어 영생 얻는 자들에게 본이 되게 하려 하심이라

♥∘∘∘ **메시지성경** 나는 '공공의 죄인 1호'로서, 순전한 자비가 아니었다면 구원받지 못했을 사람입니다. 예수께서는 영원히 그분을 신뢰하려는 사람들에게, 당신의 한없는 인내의 증거로 나를 제시하고 계십니다.

┃ **적용하세요**(느낀 점, 적용할 점, 감사 제목) ┃

4Ø

빛,
저리 가!

"잉~ 저리 가! 저리 가! 엄마."

계속 칭얼거리는 세 살 된 아들 '주선'의 울음소리였습니다. 무심코 듣다가 점점 신경이 쓰입니다.

"여보, 주선이 왜 그래?"

"자꾸 나가라고 그러네요."

아내가 주선에게 왜 그러냐고 묻자 주선이가 말합니다.

"엄마! 저 햇빛 나가라고 해요. 나가! 나가!"

잔뜩 찡그린 얼굴로 창문을 향해 소리를 지르는 그 모습이 참으로 천진스럽고 우스워 우리는 크게 웃었습니다.

"주선아! 햇빛은 안 나가! 네가 햇빛을 피해야지."

그 말을 해 주자 "아빠! 햇빛은 안 나가는 거야! 피해야 돼?" 합니다.

그 모습에 웃다가 문득 그것이 내 모습일 것이란 생각이 들었습니다. 모든 것을 나 중심적으로만 생각하기 때문에 그것이 주는 유익을 알지 못하고 모든 환경을 나 중심으로만 바꾸려고 하는 것은 아닌지. 나 자신이 바뀌어야 할 것을 모르고 나를 위해 세상 전부가 바뀌길 바란 건 아닌지. 나에게 맞춰 엄마도, 아빠도, 학교도, 친구도, 심지어 이 나라까지도 바뀌어야 한다고 생각하지는 않았는지….

내가 하는 모든 것은 이유가 있고 옳지만, 부모님도 학교도 친구도 날 위해 고쳐야 하는 것이라 생각하는 건 아닌지. 주어진 환경을 받아들이고 아름답게 다스리기보다는 원망과 불평의 벽을 쌓지는 않았는지….

"하나님, 환경을 분별하는 지혜를 주셔서 내가 변해야 할 때와 환경이 바뀌어야 할 때를 깨닫게 하시고, 무기력하게 앉아서 원망만 하기보다 하나님이 주시는 지혜를 힘입어 헤쳐 가게 하소서."

철부지 아이를 키우며 나의 철없는 영적 상태를 바라보게 됩니다.

"예수님, 저를 철들게 해 주셔서 고맙습니다."

Bible Table 로마서 12:2

♥··· **개역개정성경** 너희는 이 세대를 본받지 말고 오직 마음을 새롭게 함으로 변화를 받아 하나님의 선하시고 기뻐하시고 온전하신 뜻이 무엇인지 분별하도록 하라

♥··· **메시지성경** 문화에 너무 잘 순응하여 아무 생각 없이 동화되어 버리는 일이 없도록 하십시오. 대신에, 여러분은 하나님께 시선을 고정하십시오.

| 적용하세요(느낀 점. 적용할 점. 감사 제목) |

만일 내가
하나님이라면?

　　　　　　당신이 하나님이라면 이런 경우
에는 어떻게 할 것 같은지 생각해 보세요.
　번잡한 거리의 커다란 상가 귀퉁이에 작은 교회 하나가 있었
습니다. 그 교회 맞은편에는 유명한 술집이 있었고요. 주일 저녁,
수요일 저녁, 금요일 저녁, 교회의 예배 소리가 높아 갈수록 술집
의 노랫소리, 고함, 싸움 소리도 함께 올라갔습니다. 예배를 마치
고 자녀와 함께 교회를 나오는 부모들은 맞은편 술집에서 벌어지
는 얼굴 화끈거리는 풍경에 눈 둘 곳을 찾기 힘들었습니다.
　참고 또 참던 교인들은 결국 술집을 위해 기도를 하게 되었습
니다.

"하나님! 저 술집에 불이라도 나서 장사 좀 못 하게 해 주세요."

그렇게 몇 달이 지나 비가 오고 천둥 벼락이 치던 날 밤, 그 술집이 전기 사고로 불이나 잿더미가 되었습니다. 속이 상하고 화가 잔뜩 난 술집 주인은 맞은편 교회에서 술집에 불이 나라고 기도했다는 소문을 듣고, 교인들을 고소했습니다. 마침내 교인들과 술집 주인은 함께 법정에 서게 되었습니다. 재판관이 교인들에게 물었습니다.

"정말 술집에 불이 나기를 기도했습니까?"

"예. 기도했지요. 그렇다고 진짜로 술집에 불이 납니까? 우리는 죄가 없습니다."

이때 술집 주인은 얼굴이 새파래져 말했습니다.

"아니에요. 저 사람들이 술집에 불이 나라고 기도해서 불이 난 겁니다. 정말입니다."

이 광경을 본 재판관이 웃으면서 말했습니다.

"교인들은 믿음이 없고 술집 주인은 믿음이 있네요."

이런 기도가 우리의 기도 아닐까요? 나의 믿음은 정말 어떤 믿음일까요?

하나님이 오신다면 과연 나에게 뭐라고 말씀하실까요? 그리고 여러분이 하나님이라면 이 상황에서 뭐라고 했을 것 같나요?

`Bible Table` **마태복음 7:7**

♥··· **개역개정성경** 구하라 그리하면 너희에게 주실 것이요 찾으라 그리하면 찾아낼 것이요 문을 두드리라 그리하면 너희에게 열릴 것이니

♥··· **메시지성경** 하나님과 흥정하지 마라. 솔직하게 말씀드려라. 필요한 것을 구하여라. 우리는 쫓고 쫓기는 게임이나 숨바꼭질을 하고 있는 것이 아니다.

| 적용하세요(느낀 점, 적용할 점, 감사 제목) |

_____

_____

_____

42
돌탕,
덜탕

'돌탕'과 '덜탕'을 아시나요?

돌탕은 '돌아온 탕자'요, 덜탕은 '덜 돌아온 탕자'입니다.

모두가 잘 아는 탕자 이야기입니다. 두 아들이 있는 아버지가 있습니다. 어느 날 둘째 아들이 와서 자기 몫의 재산을 달라고 합니다. 유산을 받아 낸 둘째, 집을 떠나 흥청망청 방탕한 생활을 하게 됩니다. 결국 빈털터리가 되자 집으로 돌아가 아버지 품꾼 노릇이나 하며 살아야겠다며 집으로 향합니다.

둘째 아들은 자신을 맞이할 아버지를 생각해 봅니다.

'네 이놈! 당장 나가! 너 같은 자식 둔 적 없어. 너 같은 놈이 무슨 일을 한다고….'

두려워지기 시작합니다. 그러나 아버지의 마음은 다릅니다. 아들을 만난 아버지, 달려와 아들의 목을 끌어안고 극진히 환영합니다. 잔치가 벌어집니다.

아버지에게는 아들이 한 명 더 있습니다. 아버지 곁에서 묵묵히 일하는 큰아들이지요. 참 착해 보이는 사람입니다. 하지만 빈털터리가 되어 돌아온 동생에게 잔치를 베풀어 주는 아버지를 보며 섭섭한 마음을 토해 냅니다.

"지금까지 저와 제 친구들에게는 염소 새끼 한 마리 잡아 준 적이 없지 않습니까!"

생각해 보면 섭섭할 만도 하지요. 하지만 착실한 큰아들이 놓쳐 버린 것이 하나 있습니다. 바로 아버지의 마음입니다. 함께 있지만 자신의 마음을 전혀 알지 못하는 아들을 보며 아버지의 마음은 참 아팠을 겁니다.

모태신앙 또는 오랫동안 신앙생활을 한 사람들이 간과하기 쉬운 것이 여기 있습니다. 돌탕은 아버지로부터 멀리 떠났기 때문에 비참한 생을 살아 봤습니다. 아버지를 떠나면 어려워진다는 큰 깨달음이 있습니다. 하나님을 떠난 우리의 처지가 얼마나 비참한지 몸소 체험했으므로 감격 있는 신앙생활을 합니다.

하지만 덜탕은 항상 아버지 곁에 있었지만 자신의 공로에 도취되어 아버지의 마음을 알 길이 없습니다. 아버지를 위해 바쳐진 시간과 물질이 아깝기만 합니다. 결국 냉랭한 종교생활을 합니다. 아버지와 함께 있으나 마음을 알지 못하는 큰아들의 모습입니다. 곁에 있으나 제대로 돌아오지 않은 '덜 돌아온 탕자'인 것이지요. 우리는 돌탕을 정죄하기 쉽습니다. 그러나 오히려 하나님은 덜탕을 보시며 마음 아파하십니다.

여러분은 돌탕인가요, 덜탕인가요? 중요한 것은 하나님 아버지의 마음을 아는 것입니다. 돌탕이든 덜탕이든 신앙은 과거에 핑계하는 것이 아니라 지금, 현재, 내가 그 아버지의 마음을 얼마나 알고 반응하느냐는 것입니다. 우리의 시각을 하나님의 시각으로 바꿔 봅시다. 내 친구의 잘못을 정죄하기에 앞서 하나님의 마음을 아는 것에 귀를 기울여 봅시다.

Bible Table 누가복음 15:31-32

♥••• **개역개정성경** 아버지가 이르되 얘 너는 항상 나와 함께 있으니 내 것이 다 네 것이로되 이 네 동생은 죽었다가 살아났으며 내가 잃었다가 얻었기로 우리가 즐거워하고 기뻐하는 것이 마땅하다 하니라

♥••• **메시지성경** 아버지가 말했다. "아들아, 네가 모르는 것이 있다. 너는 늘 나와 함께 있으니 내 것이 다 네 것이다. 그러나 지금은 흥겨운 때고, 마땅히 기뻐할 때다. 네 동생들은 죽었다가 살아났고, 잃었다가 다시 찾았다!"

| **적용하세요**(느낀 점, 적용할 점, 감사 제목) |

43
어렵고
힘든 관계

다니엘을 아시나요? 사자 굴 속에서 머리털 하나 상하지 않고 뻔뻔하게(?)살아 나온 다니엘 말입니다. 다들 잘 아는 이야기이지만 다니엘이 사자 굴까지 들어간 경위는 대략 이렇습니다.

포로였음에도 불구하고 충성스럽게 왕을 섬겨 총리가 되었던 다니엘. 그런 그를 지독하게 시기했던 동료들의 술수로 30일 동안 왕이 아닌 다른 신에게 기도해서는 안 된다는 금지령이 내려집니다. 하지만 다니엘은 여전히 예루살렘을 향해 창문까지 열어 놓고 기도합니다. 결국 사자 굴에 떨어지는 벌을 받아야 하는 죄인이 됩니다. 물론 뻔뻔(?)하게 살아 나왔지만 말입니다.

오늘날 우리가 다니엘과 같은 상황에 처한다면, 우리의 관계는 처음과 같을 수 있을까요? 다니엘의 입장에서 한번 생각해 봅시다. 왕과 다니엘. 다니엘과 하나님. 얼마든지 악화될 수 있는 상황입니다. 우리가 사자 굴에 던져진 다니엘이라면 다리오 왕에게 할 말이 있을 겁니다.

"왕께서 저를 소중한 신하로 생각하신다면 이렇게 내버려 두지 않았을 겁니다. 달면 삼키고 쓰면 뱉는 것과 무엇이 다릅니까?"

왕의 명령에도 불구하고 하나님을 섬기고 기도하다 죽게 된 것이니 하나님께도 할 말이 있습니다.

"하나님, 제가 어떻게 하나님을 섬겼는데 사자 굴에 넣으실 수 있습니까? 저를 사랑하신다면 어떻게든 막아 주셨어야 하는 것 아닌가요? 하나님이 살아 계신다면 어떻게 이런 일이 일어날 수 있습니까?"

그러나 다니엘은 달랐습니다. 사자 굴에 던져져 죽을 목숨이 되었지만 다리오 왕도 하나님도 원망하지 않았습니다. 오히려 하나님을 사랑하는 믿음의 극치를 보여 줍니다. 결국 하나님께서는 천사를 보내어 사자의 입을 막아 주셨고 다리오 왕도 더욱 다니엘을 인정하며 사랑해 주었습니다. 그뿐만 아니라 다니엘을 통하여 다리오 왕과 하나님의 관계도 연결되었습니다. 하나님의 살아 계심이 다니엘을 통하여 하나님을 알지 못하는 바벨론에도 알려지게 된 것입니다.

아무리 어려운 상황에서도 내가 어떤 태도로, 어떤 관계를 맺어 갈지는 우리의 몫입니다. 원수가 될 수도 있지만 오히려 그것 때문에 더 친밀해지고 깊어질 수도 있습니다.

'하나님이 살아 계신다면 왜 나를 이런 가정에 태어나게 했습니까?'

'하나님이 살아 계신다면 어떻게 내가 대학에 떨어질 수 있습니까?'

'하나님이 살아 계신다면 왜 나를 이렇게 키도 작고 뚱뚱하고 못생기게 만드셨습니까?'

이해할 수 없는 어려운 상황 속에서 여러분의 모습도 이렇지 않습니까?

우리는 충분히 원망할 수 있습니다. 그렇지만 이제 믿음으로 원망을 그쳐야 합니다. 그리고 그 상황 속에서 내가 어떤 태도를 취할 것인지 결정해야 합니다. 이해할 수 없더라도 하나님을 신뢰해야 합니다. 그것이 하나님이 말씀하시는 '지혜'입니다. 그 속에서 분명히 살아 계신 하나님을 만나는 놀라운 일이 일어날 것입니다.

Bible Table 다니엘 1:8

♥••• **개역개정성경** 다니엘은 뜻을 정하여 왕의 음식과 그가 마시는 포도주로 자기를 더럽히지 아니하리라 하고 자기를 더럽히지 아니하도록 환관장에게 구하니

♥••• **메시지성경** 그런데 다니엘은 왕의 음식과 왕의 포도주로 자신을 더럽히지 않겠다고 마음먹고, 환관장에게 왕실 음식을 먹지 않게 해 달라고 청했다.

| 적용하세요(느낀 점. 적용할 점. 감사 제목) |

통통

"저 애는 나와 대화가 통해."
"저 사람하고는 통할 것 같아."
"뭔가 통할 것 같아."
과연 진짜 통하는 소통은 무엇일까요?

① 자신과의 소통

나의 꿈은 생각과 통해야 합니다. 믿음과 통해야 하고 열정과
통해야 하고 습관과 통해야 하고 노력으로 통해야 합니다. 생각
은 꿈을 향해 가고 있어야 합니다.

자신감으로 통해야 합니다. 나 스스로를 사랑할 때 자신감으로 통하게 됩니다. 자신감은 어떻게 생길까요? 나를 사랑할 때, 나를 용서할 때 생깁니다. 내가 행복하게 살 때 믿음을 가지고 살 때 자신감이 생깁니다.

나의 말과 생각이 통해야 합니다. 특히 긍정적인 말로 통해야 합니다. 축복의 말로, 믿음의 말로 통해야 합니다.

나의 미래와 통해야 합니다. 어제의 실수를 잊고 내일을 계획해야 합니다. 더 나은 모습으로 내일을 바라보아야 합니다. 이런 사람이 미래와 통하는 사람입니다. 미래와 통하면 오늘 행복하게 웃게 됩니다. 나의 미래와 통하면 성실함으로, 최선을 다함으로 나와 소통하게 됩니다.

② 나와 이웃의 소통

 # 위로의 소통: 나의 가장 가까운 이웃은 누구인가요? 부모가 아닐까요? 십대 여러분, 부모님과 소통하고 있나요? 아버지와 어머니와 대화가 되고 있나요? 많은 십대들이 기성세대와 대화가 되지 않는다면서 마음 문을 닫아 버립니다. 그러나 가장 가까운 이웃인 부모님과 통해야 삶이 행복해집니다. 부모뿐 아니라

윗사람과 통해야 합니다. 할아버지, 할머니와 대화가 되어야 하고 선생님과 대화가 되어야 합니다.

옆으로의 소통: 나의 옆 사람과 통해야 합니다. 형제와 통해야 하고 친구와 통해야 합니다. 소리가 막힌 고개를 넘어가듯, 빛이 어둠을 뚫고 가듯, 형제와 통하고 친구와 통할 때 막힘이 없어야 합니다.

아래로의 소통: 위와 옆뿐 아니라 아래로도 통해야 합니다. 나보다 어리고 힘없는 사람을 섬길 줄 알아야 합니다. 아랫사람일수록 더욱 섬기고 보호하고 사랑할 줄 알아야 합니다. 그 섬김이 제대로 통하게 해 줄 것입니다.

③ 하나님과의 소통

기도의 문이 통해야 합니다. 하나님과의 기도의 문이 열려 있어야 모든 것이 열리게 됩니다. 기도가 열려야 하나님의 음성을 들을 수 있습니다. 기도는 내 것을 구하는 것이 아니라 하나님의 음성을 듣는 것입니다. 스마트폰을 끄고, 컴퓨터를 끄고, 음악을 끄고, 그분의 음성을 들어 보세요.

"내가 너를 내 손바닥에 새겼다."

"너는 내 아들이라."

"그럼에도 불구하고 내가 너를 사랑한다."

"약하다 생각하는 너를 강하게 하게 위하여 너를 불렀다."

"힘드니? 외롭니? 나에게로 와라."

말씀하시는 하나님의 음성이 들리지 않습니까?

 # 예배가 통해야 합니다. 예배를 통해 하나님은 말씀하십니다. 은혜로 말씀하시고 축복으로 말씀하시고 사랑으로 말씀하십니다. 주일 예배뿐 아니라 매일의 삶이 살아 있는 예배여야 하고, 하나님과 소통하는 예배여야 합니다. 이 소통의 예배가 죽어 가는 나를 살립니다. 이 소통의 예배가 지친 나에게 에너지가 됩니다. 이 소통의 예배가 나의 미래를 만들어 갑니다.

 # 섬김의 소통을 해야 합니다. 하나님은 예수님을 우리에게 보내셨고 자신의 아들 예수님을 죽이면서까지 인간을 섬기셨습니다. 하나님을 믿는다고 고백하는 나는 얼마나 섬김의 소통을 하고 있는지요? 지극히 내 중심적이지는 않은지요? 내 생각 중심, 내 감정 중심이 아니라 섬김의 마음으로 인내하며 양보해야 합니다. 섬김의 마음으로 희생해야 합니다. 하나님께서 우리에게 그러하셨듯 말입니다.

`Bible Table` 시편 121:7

♥°°° **개역개정성경** 여호와께서 너를 지켜 모든 환난을 면하게 하시며 또 네 영혼을 지키시리로다

♥°°° **메시지성경** 하나님께서 모든 악에서 너를 지키시고 네 생명을 지키신다.

| **적용하세요**(느낀 점. 적용할 점. 감사 제목) |

45

UP
그레이드

사람은 누구나 오늘보다 더 나은 내일, 변화되고 발전된 미래를 원합니다. 어제보다 오늘 한 걸음이라도 '업그레이드' 되길 원합니다. 불규칙적인 생활에서 규칙적인 생활로, 부정적인 말에서 긍정적인 사랑의 말로, 무의미한 시간 허비에서 창조적인 시간 활용으로 '업그레이드' 되길 원합니다. 이러한 생활의 변화는 우리 모두가 원하는 변화입니다.

그러나 우리는 나도 모르는 사이 익숙하고 편리하고 쉬운 편을 택하는 것이 습관이 되어 버렸습니다. 내 머리로는 변화되길 원하고 업그레이드 되길 원하지만, 실생활에서 내 삶과 말은 좀

처럼 업그레이드 되지 않습니다. 변화되는 것이 참 어렵습니다. 이 글을 쓰는 저 스스로도 매번 고민하는 일입니다. 상대방을 존중하는 말을 하고 매일 규칙적인 생활을 해야 한다고, 설교도 하고 강의도 합니다. 그러나 잠시 방심하는 순간 변화된 업그레이드의 삶이 아닌 나쁜 습관에 얽매인 옛 모습이 쉽게 나오곤 합니다. 그럼에도 불구하고 저는 최선을 다해 변화하고 업그레이드 되기 위해 노력하고 애쓰고 있습니다. 왜냐하면 변화를 이끌어 가고 주도하는 리더야말로 세상을 변화시키고 업그레이드시킬 수 있는 리더이기 때문입니다. 여러분은 이 변화의 주인공이 되고 싶지 않습니까?

아이폰을 만들어 세상을 발칵 뒤집어 놓은 스티브 잡스는, 세상 모두가 인정하는 변화의 주도자였습니다. 그가 창업한 회사 'APPLE'은 우리가 먹는 '사과'가 아니라는 걸 누구나 다 압니다. 지금 세상 사람들은 'APPLE'이라는 글자를 보고 '혁명'이라 읽고 있습니다. 이 변화의 주도자는 어디서 툭 튀어 나왔을까요? 바로 변화에 대한 열망과 변화를 위한 노력과 열정에 있다고 생각합니다.

지금의 나는 이러한 열정이 있나요? 미친 사람인 듯 변화에 대한 갈망이 있나요? 변화에 대해 몇 가지 점검을 해 보면 좋겠습니다.

① 부정적인 변화

순간 욱하는 심정으로 안 좋은 방향으로 변하는 것입니다. 쭉 잘해 오다가 순간 욱 하는 감정에 "집어치워" "열 받아서 못하겠네" "이거 없다고 세상이 끝나냐!" 하며 포기해 버리는 변화입니다. 참으로 안타까운 부정적인 변화입니다.

② 경쟁과 다툼

"나를 무시했어!" "내가 무슨 수를 써서라도 본때를 보여 주겠어!" 무력으로, 완력으로, 오기로, 강압으로, 외부 압력으로 변화시키려 하는 것입니다. "이것을 보이면 그들이 굴복하겠지." 바로 경쟁과 다툼으로 이기는 법입니다.

③ 긍정적인 변화

"다시 해 보자." "새길이 열리겠지." "꿈이 있는 곳에 길이 있다." 이러한 변화는 긍정의 변화입니다. 미래를 향해 포기하지 않고 새로운 도전을 하는 변화입니다. 도전을 위해 힘과 열정을 바치는 변화입니다.

④ 역설적인 변화

바로 예수님께서 보여 주신 변화가 역설적인 변화입니다. 모두가 실패라 여기는 '죽음'으로 변화를 이루어 내셨습니다. 모두가 이기심으로 가득 차 있을 때 자신을 '희생'해 변화를 이루어 내셨습니다. 아무도 손해 보려 하지 않을 때 '섬김'으로 변화를 이루어 내셨습니다. 우리의 부모님이 그런 역설적인 변화의 주인공이십니다. 섬김으로, 사랑으로, 자녀를 품고 기다림으로 자녀들의 마음을 변화시킵니다. 자신의 욕심을 채우려고 상대방을 밟고 올라서려는 이 시대에 예수님의 역설적인 변화야말로 진정한 변화를 이끌어 낼 수 있을 것입니다.

기독교를 알지 못하는 사람이 교회를 향하여 바라는 것은 이런 긍정적이고 역설적인 변화일 것입니다. 자신들이 하지 못하는 희생과 섬김과 사랑의 변화를 기대하고 있을 것입니다. 이러

한 패러다임이 바보 같다고 생각될 수 있습니다. 그런데 한번 생각해 보세요. 예수님은 흉악한 죄인들이 받는 형벌인 십자가에 못 박혔습니다. 그 당시로 돌아가 생각하면 참으로 불쌍한 청년에 불과합니다. 그런데 그렇게 무의미하게 불쌍히 죽었다고 생각했던 서른셋의 청년 예수님의 삶과 생각과 사랑이 온 세상에 전파되었습니다. 셀 수 없이 많은 사람들이 변화되었습니다. 총이나 칼, 탱크, 미사일로 이렇게 세상을 바꿀 수 있다고 생각하는 사람은 아무도 없을 것입니다. 세상을 모두 정복하겠다던 칭기즈칸도 예수님처럼 세상을 변화시키지 못했고, 알렉산더 대왕도 못했고, 나폴레옹도 이루지 못한 일을, 예수님은 십자가에서 죽음으로 해내셨습니다. 우리 눈에 보이지는 않지만 사랑의 힘, 희생의 힘, 섬김의 힘이 이렇게 큰 변화를 이끌어 냅니다.

여러분은 각자의 삶에서 어떤 변화가 일어나길 원하고 있나요? 무엇보다 예수님의 역설적인 변화가 꼭 필요한 순간입니다. 하나님의 아들과 딸인 우리는 역설의 주인공이 되어, 힘으로 경쟁하는 인생의 무대에서, 서로 이기기 위해 죽고 죽이는 전쟁 같은 삶의 무대에서, 바로 예수님의 역설의 변화로 새로운 시나리

오를 써내려 가는 주인공이 되어 봅시다.

Bible Table 고린도후서 5:17

♥··· **개역개정성경** 그런즉 누구든지 그리스도 안에 있으면 새로운 피조물
이라 이전 것은 지나갔으니 보라 새 것이 되었도다

♥··· **메시지성경** 우리가 보는 것은, 누구든지 메시아와 연합하면 새로운 출
발을 할 수 있고, 새롭게 창조될 수 있다는 것입니다. 옛 삶이 지나가고, 새로
운 삶이 싹트는 것입니다!

| **적용하세요**(느낀 점, 적용할 점, 감사 제목) |

성공적인 미래를 위한 〈행동 지침서〉

축복의 통로

나의 꿈과 목표를 크게 세 번 외쳤는가? Yes ☐ / No ☐

행복한 하루가 될 것이라고 외쳤는가? Yes ☐ / No ☐

만나는 사람을 축복하였는가? Yes ☐ / No ☐

내가 있는 장소와 시간을 축복하였는가? Yes ☐ / No ☐

나를 변화시키고 발전하기 위해 적용한 것이 한 가지 이상 있는가?

Yes ☐ / No ☐

언어

대화를 할 때 상대방의 말을 경청했는가? Yes ☐ / No ☐

다른 사람의 험담을 하지는 않았는가? Yes ☐ / No ☐

감사의 말을 한 번 이상 하였는가? Yes ☐ / No ☐

칭찬을 세 번 이상 하였는가? Yes ☐ / No ☐

물질

계획한 곳에 돈을 사용하였는가? Yes ☐ / No ☐

타인을 위해 물질을 흘려보내었는가? Yes ☐ / No ☐

건강

건강 관리를 위해 30분 이상 운동을 하였는가? Yes ☐ / No ☐
아침 식사를 하였는가? Yes ☐ / No ☐
인스턴트 및 패스트푸드를 먹지 않았는가? Yes ☐ / No ☐

관계

가족과 아침 식사를 함께 하였는가? Yes ☐ / No ☐
가족과 눈을 마주치며 인사를 하였는가? Yes ☐ / No ☐
가족과 악수 및 포옹 등의 스킨십이 있었는가? Yes ☐ / No ☐
가족과 10분 이상 대화를 하였는가? Yes ☐ / No ☐

미디어

SNS 사용 시간이 10분을 넘지 않았는가? Yes ☐ / No ☐
온라인 게임 시간이 가족 및 친구들과의 대화 시간보다 적었는가?
Yes ☐ / No ☐

기타

내 빨래는(양말. 속옷 등) 세탁 바구니에 직접 넣었는가?
Yes ☐ / No ☐
자고 일어나서 이불을 정리하였는가? Yes ☐ / No ☐
학교 과제는 미리 하였는가? Yes ☐ / No ☐
준비물은 미리 준비하였는가? Yes ☐ / No ☐

행복한 삶을 위한 〈감사 노트〉

년   월   일

나는 _____

_____ 에 대해 감사한다.

그 이유는 _____

_____ 이다.

그리고 _____

_____ 은 내게 중요하다.

왜냐하면 _____

_____ 이기 때문이다.

상담을 원하면, 한국청소년상담복지개발원(www.kyci.or.kr)
또는 십대의벗(www.octm1318.org)을 방문하세요.